Prier 15 jours avec

JEAN-CLAUDE COLIN

COLLECTION PRIER 15 JOURS

- Des livres sources
– pour passer quinze jours en compagnie d'un maître spirituel à la manière de ces temps de retraite qui ouvrent une brèche dans notre univers quotidien.

- Des livres pratiques
– un rappel biographique en début de volume
– un itinéraire balisé en introduction
– une entrée dans la prière répartie sur les quinze chapitres de l'ouvrage
– pour aller plus loin, une bibliographie expliquée.

- Des livres accessibles
– un ressourcement qui va à l'essentiel pour des chrétiens actifs
– une information donnée de l'intérieur pour un public plus large.

Prier 15 jours avec

JEAN-CLAUDE COLIN

fondateur des pères maristes

par François Drouilly

Nouvelle Cité

Composition : Pauline Wallet
Couverture : Anne-Charlotte Jouve

Illustrations de couverture :
p. 1, portrait du père Jean-Claude Colin,
© Pères maristes
p. 4, portrait de l'auteur

Domaine d'Arny
91680 Bruyères-le-Châtel

ISBN 9782853136150
ISSN 1150-3521

HISTORIQUE
(1790-1875)

Jean-Claude Colin naît en 1790 au village de Saint-Bonnet-le-Troncy, dans la Loire, huitième et dernier enfant d'une famille paysanne relativement aisée. Il est ordonné prêtre en 1816. Il a vingt-six ans… Entre ces deux dates, le monde a changé.

Les temps sont durs

La révolution a bouleversé tous les repères et détruit les bases d'un régime mis en place dix siècles auparavant : la monarchie de « droit divin », guillotinée avec Louis XVI, la religion, minée de l'intérieur avec l'obligation faite aux prêtres d'adhérer à un projet d'Église nationale, l'interdiction des ordres monastiques et religieux comme contraires à la liberté des personnes. Malheur à ceux qui refusent d'obéir : ils risquent les poursuites, les dénonciations, la déportation, la persécution. À moins qu'ils ne préfèrent prévenir ces dangers en s'exilant. Ajoutons à cela la vente des biens d'Église, décrétés biens nationaux. La morale est mise à mal avec l'autorisation du divorce par consentement mutuel. Et les plus acharnés iront jusqu'à tenter d'éradiquer le christianisme avec des mesures incompréhensibles pour les gens simples : la suppression du nom des saints dans la vie courante (les noms des villages, des rues), un changement du calendrier et une tentative d'instauration d'un culte à « l'Être suprême », et souvent l'abandon, quand ce n'est pas la dégradation, des lieux de culte.

Mais le plus dur peut-être, c'est la guerre, toujours et partout, en France, aux frontières, à l'étranger ou entre Français, en Vendée et en Bretagne, et avec Napoléon dans toute l'Europe, de Moscou à Madrid… Beaucoup de ruines morales, économiques, sociales. Et pour les jeunes, la menace de la conscription, c'est-à-dire de l'enrôlement dans l'armée, dont on ne peut se libérer qu'en payant un « remplaçant » lorsqu'on en a les moyens. Beaucoup préfèrent le risque de la désertion. L'un d'entre eux, Jean-Marie Vianney, futur compagnon de Colin au séminaire, fera ce choix : après tout, pensait-il, est-on obligé d'obéir à un empereur qui emprisonne un pape ?

Jean-Claude Colin vit tout cela. Il ne voit pas ce qui peut apparaître à d'autres comme des « avancées » ou des « progrès ». Pour lui, le monde est mauvais, c'est un siècle d'excès, d'ignorance. Dans sa campagne d'origine, dans la Loire, son propre père a été poursuivi par la police pour avoir aidé le prêtre de la paroisse, rebelle aux lois nouvelles, à se cacher dans la forêt. Sa mère et son père en ont été fort affectés. Ils meurent l'un et l'autre en 1795, à trois semaines d'intervalle. Jean-Claude a cinq ans. À l'âge de sept ans, il assistera encore à des messes célébrées dans les granges, de nuit, par peur des représailles.

Il est pieux, intérieur, méditatif. Son curé l'incite à entrer au séminaire. Il le fait volontiers mais il appréhende d'être prêtre : on peut le comprendre !

Être ordonné prêtre en 1816 ?

Les jeunes qu'il retrouve au séminaire à Lyon, quelques années plus tard, ont tous connu ces bouleversements. Et sans doute signeraient-ils la constatation faite par l'historien de l'Église André Latreille, qui intitule deux des chapitres d'un ouvrage sur cette période : « 1799, la ruine de l'Église catholique » et « 1814, désolation de l'Église » !

Même si l'on reconnaît que la déchristianisation avait débuté avant la Révolution, l'épreuve est terrible. C'est dans ce climat pesant que ces jeunes qui vont être ordonnés prêtres en 1816 se préparent à travailler dans une Église méconnaissable. Ils vont rejoindre un clergé vieilli, décimé, appauvri. Beaucoup de prêtres mariés ont abandonné le ministère. Les disputes ne manquent pas entre les prêtres « fidèles » et ceux qui ont approuvé et signé la constitution civile du clergé, les « jureurs ». Ils vont arriver souvent dans des lieux de culte non entretenus, quand ils n'ont pas été saccagés au cours des événements. On imagine sans peine leurs projets, leurs ardeurs, et sans doute l'appréhension des combats à mener.

C'est dans cette ambiance que l'un de ces jeunes, Jean-Claude Courveille, évoque à mots couverts à ses plus proches compagnons une « révélation » qu'il aurait eue au Puy. La Vierge lui aurait laissé entrevoir la mise en place d'un groupe qui prendrait le relais des jésuites bannis de France, mais sous le vocable de Marie. Révélation, parole intérieure, on n'en saura jamais plus que ce que l'intéressé a laissé entendre. Mais ce qui est certain, c'est le lien très fort qu'il établit entre cet événement et le « désir » de la Vierge d'une société qui porte son nom.

Alors ils partagent, ils rêvent, ils élaborent, ils complotent presque. Et finalement, le lendemain de leur ordination, douze jeunes prêtres montent à Fourvière et s'engagent dans un document écrit à fonder une « société de Marie » qui pourrait aider l'Église à sortir de ses difficultés, comme la société de Jésus avait permis en son temps un grand essor de l'Église après le drame des ruptures et des réformes. « Nous nous vouons irrévocablement, nous et tout ce qui est nôtre, dans toute la mesure de nos possibilités, à la société de la bienheureuse Vierge Marie… »

Sur le terrain

C'est à la réalité du terrain qu'il faut maintenant se confronter. Pour le moment, ils ne sont encore que des prêtres diocésains appelés par leurs évêques respectifs dans leur diocèse, et donc éloignés les uns des autres. Dès ses premiers ministères, à la paroisse de Cerdon, dans l'Ain, Colin est au pied du mur. D'une part, il mûrit ce projet de société religieuse. Et d'autre part, en « mission » dans les campagnes du Bugey, « sur le terrain », il va rencontrer ces hommes, ces femmes qui ont tout connu de la

Révolution et de l'Empire et ne savent trop où ils en sont, ni comment renouer avec une Église si mal en point. On imagine sans peine les règlements de compte qu'il pouvait y avoir entre les habitants : notamment autour des prises de position concernant l'Église et le curé. Plus tard, en 1829, en acceptant le poste de supérieur de collège à Belley, Colin sera confronté à la génération des élèves : des jeunes dont les parents ont connu tous ces bouleversements. Eux non plus ne sont pas faciles à manier : on fait de la politique à l'intérieur du collège, on est pour ou contre le roi Louis-Philippe, on défend ou on attaque l'œuvre et la mémoire de l'empereur ! C'est une jeunesse sans repères à laquelle Saint-Simon, l'économiste, proposera comme horizon « l'Évangile du chemin de fer » – la révolution industrielle pointe le nez. Et, plus tard, Guizot pensera élever le niveau avec une formule choc et exaltante : « Enrichissez-vous ! »...

Autant d'étapes qui permettent à Colin et à ses premiers compagnons de préciser et de mettre à l'épreuve de la pratique une vie « à la manière de Marie ».

Le projet en voie de réalisation

Il fallait encore l'aval du pape Grégoire XVI pour que le groupe devienne une congrégation religieuse : ce qui signifierait pour eux la possibilité de se réunir et de pouvoir librement définir et organiser leurs ministères, indépendamment de la tutelle diocésaine. Cette reconnaissance vient en 1836. Rome a besoin alors de missionnaires pour évangéliser les peuples des îles du Pacifique sud. C'est loin, c'est dur, il y a des risques. Colin répond présent et envoie des maristes. L'un des premiers compagnons, Pierre Chanel, parti en 1838, meurt assassiné à Futuna en 1841.

Colin est maintenant supérieur général d'une congrégation religieuse, la Société de Marie. Il le restera jusqu'en 1854. Marcellin Champagnat, lui-même prêtre mariste, fonde et développe les frères, passionné et préoccupé qu'il est par l'éducation des enfants des campagnes.

Des femmes, depuis le début de l'aventure, ont assisté les prêtres, comme Jeanne-Marie Chavoin, la première, puis ses compagnes. Peu à peu, et souvent dans la douleur, elles prendront leur indépendance et définiront leur mission, pour devenir elles aussi une congrégation à part entière dans la famille mariste.

Enfin une laïque lyonnaise, Françoise Perroton, âgée de près de cinquante ans, très attirée par la mission, décide de répondre à l'appel des femmes de l'île d'Ouvéa, dans le Pacifique sud. Elle part seule. Après des années d'épreuves, quelques femmes la rejoindront, et ces sœurs missionnaires constitueront encore une autre branche de la famille mariste.

De son côté, Colin s'efforce de répondre aux multiples sollicitations de missionnaires pour le Pacifique, d'ouvertures ou de reprises de collèges, de missions dans les campagnes ou dans les villes. Il travaille en même temps à la mise au point des règles de vie de la congrégation. Le bilan est impressionnant. Lorsqu'il quitte la fonction, en 1854, il aura envoyé 74 pères maristes en Océanie, 26 petits frères de Marie et 17 frères coadjuteurs. Et sur le territoire français, il aura accepté la direction de six établissements scolaires.

Il passera les dernières années de sa vie à la Neylière, une paisible résidence dans les monts du Lyonnais. Il y travaillera beaucoup à la mise en forme d'une « branche » laïque à laquelle il pensait dès l'origine. Il meurt en 1875.

INVITATION AU VOYAGE

L'expérience spirituelle de Colin ne sort pas toute construite de sa tête. Elle est le résultat de sa confrontation, parfois douloureuse, avec le monde dans lequel il est né et il a grandi. Elle puise aussi dans les confidences de son compagnon Jean-Claude Courveille à propos du nom de Marie et de sa présence active au berceau de l'Église.

À partir de là, le parcours de prière peut s'organiser. D'abord poser *les fondements :* goûter Dieu, porter un nom, et retrouver la source en contemplant l'image de la première Église.

Les *attitudes spirituelles* qui en découlent apparaissent comme des réactions critiques aux habitudes de l'Église de l'ancien régime, la pratique de la vie cachée, de la discrétion, la référence à Nazareth, avec cette note assez originale sur la « sainte gaîté » : après tant de malheurs, sans doute en avait-on bien besoin !

Viennent ensuite les *comportements souhaitables* « sur le terrain », avec les gens tels qu'ils sont. Ils nous paraissent encore bien actuels : le refus de la « cupidité », une façon de vivre inconnu et caché, et plus encore la pratique de la miséricorde, toujours et partout.

Et puis, enfin, *l'horizon s'élargit :* l'Église ne se limite pas à cette poignée de religieux et aux quelques implantations nationales. Marie invite à voir plus loin, plus large. Et Colin entraîne tout le monde jusqu'aux extrémités du monde connu, dans une Église qui aurait enfin retrouvé la fraîcheur des commencements.

ABRÉVIATIONS

ES Jean-Claude Colin, *Entretiens spirituels,* Rome 1975.

QS Gabriel-Claude Mayet, *Quelques souvenirs sur Jean-Claude Colin,* Rome 1981.

OM J. Coste, G. Lessard, *Origines maristes (1786-1836),* Rome 1960, 4 volumes.

EK Edwin Keel, *Textes pour l'étude de la spiritualité mariste,* Rome 1993.

ML Charles Girard, *Maristes laïcs, recueil de sources historiques,* Rome 1992.

Colin.sup	*Documents pour l'étude du généralat de J.-Claude Colin (1836-1854),* 4 volumes.
C	Constitutions de la Société de Marie, 1988.

L'abréviation est suivie d'un chiffre indiquant le numéro du document et parfois d'un autre chiffre indiquant le paragraphe.

GOÛTER DIEU

Si j'en étais chargé [des novices], je chercherais seulement à les unir à Dieu, à les porter à l'esprit de prière. Une fois que l'union à Dieu y serait, le reste irait tout seul. Quand le bon Dieu est dans un cœur, il y opère tout ; sans cela, tout ce que vous faites est entièrement inutile ; vous aurez beau planter, vous fatiguer, le principe vivifiant manque. Mais, quand un novice a une fois goûté Dieu, il reviendra sans cesse à lui : c'est un fonds qu'il a dans son âme auquel il est sans cesse ramené comme à son centre ; il aimera s'entretenir avec lui (ES 63,2).

« *Goûter Dieu* », l'expression traverse la vie de Colin. Il la propose à des jeunes attirés par la vie mariste. Il la répète aux plus anciens lors de retraites ou de rassemblements. Il la rappelle aux missionnaires embarqués vers l'Océanie. Toujours avec la même insistance : c'est un passage obligé, une expérience fondatrice, la pierre angulaire qui ne craint ni l'usure du temps, ni la violence des tempêtes. Cette expérience a pour lui l'importance du tout ou rien. Sans elle, on construit sur du sable. Mais celui qui l'a faite peut marcher d'un bon pas. Il arrivera au terme.

Ce n'est pas une formule magique : goûter Dieu, cela ressemble à l'expression d'une première rencontre – même si elle arrive au soir tombant de l'existence! Une sorte de coup de foudre. On en sort « *le cœur blessé* », dira-t-il un jour. Comme des amants qui se souviennent : ce jour-là, quelque chose s'est passé dans la mémoire et le cœur pour la vie. Ce jour-là, je sais que je t'ai aimé. Ce jour-là, je sais que tu m'as aimé. Ce jour-là, quelqu'un m'a regardé, et j'ai découvert que j'avais du prix à ses yeux, que je comptais pour lui. Alors, ensuite, les saisons ont passé, les épreuves ont pu venir. Mais par beau temps comme dans l'orage, je peux évoquer, revivre ce moment-là, persuadé que ce n'était pas un leurre.

Est-ce bien pour moi ?

Est-ce bien pour le commun des mortels ? Une telle expérience n'est-elle pas réservée à des gens d'un haut niveau spirituel ? Ou justement à de futurs religieux ?

Alors là, Colin doit sourire en pensant à ses premiers compagnons et à lui-même. Vraiment, ces hommes simples, issus le plus souvent de leur tradition rurale, ne ressemblent guère à des pères du désert, et encore moins à des spécialistes des sciences sacrées ! Et pour aucun d'eux jusqu'alors on ne rapporte de phénomènes d'extase ! À vrai dire, ils ressemblent à la plupart d'entre nous et partageraient sans doute avec nous nos médiocrités habituelles : distractions dans la prière, qui se transforment en ennui lorsqu'elle se prolonge... impression de sécheresse : que dire, que faire ?.. impression de temps perdu alors que tournent dans nos têtes tout ce qu'il faudrait faire, tout ce qui nous attend là, sur le bureau, à la maison. Et puis il y a la lassitude qui accompagne un bilan déplorable : j'ai beaucoup prié et pourtant rien ne change. Sans compter les moments de découragement consécutifs à un échec, à une épreuve personnelle, familiale, avec en prime l'envie de tout laisser tomber... Nous connaissons tout cela.

Goûter Dieu : est-ce bien pour moi ?

Une expérience plus qu'une méthode

D'abord, goûter Dieu est un cadeau que Dieu nous fait. Il ne s'obtient ni par nos mérites, ni par nos efforts. Seulement par grâce. En ce sens, il n'y a pas de « méthode » pour y parvenir. Certes, aujourd'hui, on nous en offre à foison – certainement plus qu'au temps de Colin : récitation d'un *mantra* ou d'une formule répétitive, travail de la respiration et autres formes de méditation. Il ne s'agit pas de mépriser tout cela. Tant mieux si telle ou telle peut nous rendre service. Mais soyons assurés qu'aucune d'entre elles ne nous fera goûter Dieu.

Goûter Dieu n'est pas non plus au bout de nos savoirs et de nos lectures, fussent-ils théologiques, spirituels... Une façon de dire qu'on ne goûte pas Dieu avec la tête !

Mais pas non plus seulement avec le cœur. Certes, l'expression nous renvoie aux sens. Mais, en même temps, Colin nous invite à nous méfier du mirage des émotions passagères, des enthousiasmes pieux, des sensations de bonheur qui risquent de s'évanouir aussi vite qu'ils sont apparus et nous laissent un peu plus désarçonnés que la veille. Il y a, dans le parcours de purification, le temps de l'absence.

Goûter Dieu nécessite qu'on prenne du temps pour lui et qu'on s'y prépare : demandez donc aux grands sommeliers comment ils s'y prennent pour apprécier leurs grands vins. Les goûtent-ils n'importe où, n'importe quand, en même temps qu'ils regardent la télévision ? Non, il y faut du temps, de l'attention, et sans doute aussi de la patience pour trouver exactement ce dont ils ont envie, ce qu'ils cherchent.

Goûter Dieu, c'est s'en nourrir. Et les occasions sont peut-être plus fréquentes que nous ne le pensons. Trouver qu'une parole de Dieu a du goût, c'est reconnaître qu'elle est savoureuse, qu'elle donne du goût à ma vie, à la vie, qu'elle l'éclaire. Et l'horizon est moins bas. Voilà un passage de l'Écriture que j'ai entendu quinze fois, que je croyais connaître presque par cœur, et aujourd'hui – allez savoir pourquoi – tel mot me touche, m'émeut. Comme s'il avait été placé là exprès pour moi ! Bon goût d'une rencontre où, pour la première fois depuis longtemps, j'ai pu dire ou entendre ce que je croyais devoir dire ou ce que j'attendais, un pardon donné ou reçu, une parole de confiance, une certitude, une confidence… et j'en suis reparti plus fort. Goût de la paix du cœur et de l'esprit.

L'Évangile nous aide à comprendre la puissance de cette formule : lorsque ces villageois intrigués par Jésus, qu'ils commencent à apercevoir au milieu des gens, qu'ils ont peut-être entendu une ou deux fois, s'enhardissent jusqu'à oser lui demander : « Où demeures-tu ? », la réponse de Jésus n'est pas compliquée : « Venez et vous verrez. » Et Jean conclut rapidement : « Ils allèrent, ils virent et ils demeurèrent. » Assez pour orienter toute une vie, assez pour convaincre. Ils ont goûté un moment d'intimité avec le Christ. Ils reviendront sans cesse à lui.

En toute confiance

Colin nous invite à la même expérience. Nous savons bien qu'elle ne sera pas toujours aussi fulgurante que celle des premiers disciples. Mais à tout moment nous pouvons nous mettre en état de disponibilité devant le Seigneur. Cela supposerait peut-être que, pour une fois, nous laissions tomber la longue liste de nos soucis, de nos demandes, de nos inquiétudes, de nos regrets, sans compter la liste de nos péchés. Que nous mettions de côté la peur du vide. Que nous prenions le temps du silence. Que nous nous laissions rejoindre par les mots d'une prière, un verset de psaume, que nous prenions le temps de les savourer, ou encore que nous nous rappelions une seule des occasions où déjà nous avons goûté Dieu et nous avons rendu grâce pour le bien qu'il nous a fait. Ma confiance en Dieu lui permettra d'agir et de faire fructifier ma vie.

Garde mon âme dans la paix,
Ta loi, Seigneur, fait mes délices,
Je me repose en toi, Seigneur.
Oui, vraiment, quand on a goûté Dieu,
on y revient!

PORTER UN NOM

Qu'avons-nous à craindre ? La sainte Vierge nous conduit. Elle nous dit : « Je marche à votre tête. » Ah ! messieurs, avec cette pensée : la sainte Vierge marche avec moi, qui ne se sentirait plein d'un courage et d'une confiance à toute épreuve ? Et puis, si je réfléchis au nom que je porte, quelle source d'espérance, d'assurance !.. Mais ce n'est pas assez du nom encore. Car je fais profession d'appartenir à Marie, et je veux faire encore plus profession d'être à elle. Je veux que mon dévouement pour elle redouble ; je veux que ma dépendance d'elle soit entière, soit continuelle. Je la tiendrai toujours par la main. Dans mes embarras, dans mes difficultés, je lui dirai : « Sainte Vierge, aidez-moi, je me trouble ; je me jette dans le sein de votre miséricorde; aidez-moi à me retrouver moi-même » (ES 176).

Un nom tenu en réserve

Depuis le début de l'aventure mariste, Colin a la conviction que le choix du nom de Marie pour cette nouvelle famille religieuse n'est pas dû au hasard. C'est un nom « tenu en réserve », puisqu'aucune congrégation ne l'a jamais pris, dit-il. Et pourtant, les congrégations mariales ne manquent pas et même se multiplient à cette époque. Mais elles se placent sous le vocable d'un mystère particulier, d'un titre ou d'une dévotion : Notre-Dame des Sept Douleurs, Immaculée Conception, Cœur de Marie... Mais le nom même de Marie, seuls les maristes le portent. Colin aura certes un peu de difficultés avec les « marianistes » du père Chaminade... « Mais ils sont venus après », dit-il pour se rassurer!

Ce nom de Marie que nous portons, ce ne sont pas les hommes qui nous l'ont donné : il nous est venu du ciel (EK 284).

Mais après ces considérations sur la mystérieuse origine, revenons à une réalité toute simple, offerte à tous. Porter ce nom de Marie

– tout court –, c'est se référer à la femme de l'Évangile, aux quelques paroles qu'on nous rapporte d'elle, à quelques attitudes, à quelques scènes. C'est tout et c'est beaucoup, parce que c'est la personne même de Marie qui compte, et avec laquelle les maristes sont appelés à vivre l'aventure. Colin le dit à sa façon :

> *Ce n'est pas le nom qu'il faut, c'est la chose!* (EK 282). *C'est un fonds qu'on a dans l'âme. C'est un vrai trésor!*

Ainsi, notre attachement n'est pas de l'ordre de la dévotion, pas plus que de la contemplation de tel ou tel mystère dont Marie serait témoin. Colin ne nous invite pas non plus à « l'imitation » de Marie : lorsqu'il emploie le mot, c'est surtout pour faire ressortir le paradoxe entre son statut de « mère de Dieu » et l'humilité de son existence. Sur tous ces points, Colin reste discret et n'a pas transmis à ses maristes la fibre mariologique! Lui-même n'a pas manifesté d'intérêt particulier pour les apparitions mariales, pourtant nombreuses durant son existence. Non, ce qui compte pour lui, c'est l'attachement à la personne elle-même. Ce nom que nous portons a tant d'importance aux yeux de Colin qu'il choisira de faire du « saint nom de Marie » la fête patronale de la congrégation.

Se garder de l'infantilisme

« Vierge sainte, nous sommes vos enfants, vous êtes notre mère » : ainsi commence une consécration à la Vierge. « *Oui, je la tiendrai toujours par la main* », écrit Colin à propos de Marie. Ce choix libre et réciproque de Marie et de celles et ceux qui répondent à son appel ferait-il de ces derniers de vieux enfants sages qui s'accrochent à leur maman ? Un choix ou une dépendance ?

La situation dans laquelle se trouvent Colin et les premiers compagnons ne leur permet pas de s'illusionner. Le nom de Marie n'est pas un talisman qui leur donnerait la possibilité de résoudre tous les problèmes de terrain auxquels ils sont confrontés. Et s'ils doivent faire preuve de « dévouement », de « dépendance », ce n'est pas pour rester « en famille » et bien au chaud. Mais c'est pour suivre Marie en toute liberté et responsabilité, en étant bien convaincus qu'elle ne fera pas le travail à leur place.

Elle le fera avec eux, à leurs côtés, à leur tête, comme un chef d'armée, « sous son étendard ». Colin ne nous lègue pas une méthode mais une façon d'être et de vivre. Il nous invite à travailler sur le « fonds » ou le « centre » de notre être. Et d'y retrouver là Marie comme source de notre engagement, de notre existence. Non pas au sens où Marie tiendrait la place de Dieu. Mais parce que Marie, qui a donné la vie à Jésus, saura bien aussi le faire naître, grandir et agir en nous et par nous. Ce nom que nous portons est un appel à aller « dans le sens de Marie », c'est-à-dire dans le sens de la vie.

Ce nom fonctionne comme un appel ou un rappel. Lequel, parmi nous, ne connaît pas de temps à autre ces moments de vide, d'appréhension ou d'impuissance ? Fatigue, découragement, sentiment de n'être pas à la hauteur, de ne pas changer et plus encore de ne pas pouvoir changer… La confrontation avec soi-même peut devenir angoissante. Et nous reviennent alors les paroles de Colin ou, plus fondamentalement, les images de l'Évangile : « Le Seigneur a fait pour moi de grandes choses, il a regardé l'humilité de sa servante », ou encore : « Faites ce qu'il vous dira… Je suis la servante du Seigneur. »

Et, dès lors, je ne suis plus seul pour la traversée du gué. Bien plus que la femme toute-puissante qui pourrait obtenir pour nous ce que nous n'osons pas demander au Seigneur, Marie nous rappelle de quel esprit nous sommes, et que le Seigneur peut faire pour nous ce qu'il a fait pour elle et pour tous ceux qui se reconnaissent de la lignée des pauvres : tout attendre de lui, faire confiance, espérer et redire après elle : « Je suis la servante, je suis le serviteur du Seigneur », et aussi : « Le Seigneur a fait en moi de grandes choses ! »

Entrer dans une histoire

En s'arrimant ainsi solidement au nom de Marie, Colin inscrit l'aventure qu'il vit avec ses premiers compagnons dans une histoire, celle de l'annonce et de la venue d'un sauveur pour le monde. Marie, bien sûr, en constitue une étape majeure. Mais l'histoire n'est jamais finie, on n'a jamais fini d'accueillir une mission parce qu'on n'a jamais fini d'y répondre. La tâche est à poursuivre à chaque époque dans des conditions particulières. Pour Colin, c'est une urgence. Et il ne trouve pas de meilleur maître d'œuvre que la Vierge pour la mener à bien. Ou, plus exactement, elle s'impose à lui, comme une évidence.

L'invitation est forte et encourageante. Certes, la mission reste difficile, mais nous ne sommes que des maillons de la chaîne, d'autres ont travaillé avant nous, d'autres nous relaieront. Et surtout, nous ne sommes pas seuls. Marie travaille avec nous !

Cette insistance sur « le nom » m'invite à m'attarder sur les noms que je porte, celui de mon baptême, celui de ma famille, celui de chrétien, d'autres encore. Est-ce que je les porte, est-ce que je les supporte, est-ce qu'ils me portent ? M'arrive-t-il de rendre grâce pour le nom que je porte ?

Et le nom de Marie, quelle place tient-il dans la série ? Quelle relation m'inspire-t-il ? Est-il présent sur mon chemin de foi ? Je reprends à mon compte, et dans la situation où je me trouve, ses propres mots dans son chant d'action de grâce, le *Magnificat*.

MARIE AU BERCEAU DE L'ÉGLISE

Messieurs, ce n'est pas sans un grand mystère que Notre Seigneur laissa la sainte Vierge sur la terre après son Ascension. Les apôtres en avaient besoin afin qu'elle les dirigeât et qu'elle fût, en quelque sorte, la fondatrice de l'Église. À la fin des temps, sa protection éclatera d'une manière encore plus grande. [...] Sa main se fera encore mieux sentir alors que dans les commencements.
Soyons donc pleins de courage ; n'ayons tous qu'un cœur et qu'une âme ; n'aimons pas à faire parler de nous. Imitons notre mère : elle ne faisait point parler d'elle – l'Évangile ne la nomme que quatre fois – et cependant, quel bien ne faisait-elle pas ! (ES 11,7-8)

L'utopie

Colin nous fait partager sa conviction profonde : Marie est au fondement de l'Église. Elle sera là au terme de l'histoire. Elle accomplit cette tâche avec la discrétion d'une mère de famille : celles et ceux qui portent son nom se doivent de l'imiter.

Colin puise son inspiration à plusieurs sources. À la révélation de Courveille, le compagnon des origines, s'ajoute sa lecture d'une mystique du XVIIe siècle, Marie d'Agréda, qui décrit les us et coutumes de la primitive Église, dont elle a connaissance par ses « visions ». Il en garde le souvenir d'une Marie plus cachée, plus discrète qu'aucun autre apôtre, se mettant à leur service, leur obéissant, les écoutant comme un simple disciple, ne faisant aucun état de sa qualité de reine des apôtres ou de mère du Messie, mais insérée réellement dans la communauté.

La relecture mariste a dépassé ce cadre de la révélation et des visions, et n'a pu s'empêcher de rapprocher cette image de « l'allusion » faite par Luc dans les actes des apôtres (Ac 1,12-14). Après la résurrection, les apôtres se sont réfugiés dans la chambre haute avec quelques femmes dont Marie. Il y a là quinze ou vingt personnes, « toutes unanimes et assidues dans la prière ». Marie est placée entre les apôtres et les frères de

Jésus. Non pas deux clans mais au moins deux groupes, qui ont chacun leurs raisons de prétendre être les héritiers légitimes du Messie : les apôtres, compagnons des bons et mauvais jours, témoins des faits et gestes de Jésus, venus d'horizons et de milieux divers et prêts à répandre la bonne nouvelle, surtout lorsque l'Esprit Saint les aura rejoints ; mais aussi les « frères » de Jésus, c'est-à-dire sa parenté assez large, qui pouvait faire prévaloir la tradition juive de la famille. Et nous savons, par les Actes et aussi par le témoignage de Paul, que ces « nuances » pouvaient se transformer en conflits assez sérieux, comme ce fut le cas à l'assemblée de Jérusalem à propos de l'opportunité de l'observance des rites juifs par les nouveaux convertis venus du monde païen (Ac 15).

Donc, Marie est là, au milieu d'eux, assise entre les frères et les apôtres, porteuse en elle-même de cette double appartenance. Charnelle, elle est la mère, et spirituelle, elle est la disciple. Et sans doute se souvient-elle de l'anecdote : la réponse de Jésus à ceux qui lui font part de la présence de sa famille : « Ma mère et mes frères, ce sont ceux qui écoutent la parole de Dieu et qui la mettent en pratique » (Lc 8,19-21). Elle est là, avec les uns et les autres. Et nous croyons sans peine qu'elle n'est pas pour rien dans l'unanimité de la prière de tous.

Le retour au réel

Colin trouve son bonheur dans ce tableau : une Marie qui travaille à l'entente sans faire de bruit, sans éclat, sans prétention personnelle. Il y trouve matière à réflexion pour sa famille et pour l'Église de son temps. Une église parcourue par des tensions diverses et fortes. Il ne s'agit plus de rites juifs ou d'observance de la loi, mais plutôt de prêtres « réfractaires » qui voient d'un mauvais œil des évêques de retour de leur exil, ou jureurs, à la tête de leur diocèse. Et des rancœurs parmi les chrétiens, entre les chrétiens : comment, dans ce climat, reconstituer des communautés ? Colin va faire sienne la discrétion de Marie, l'effacement des prétentions des religieux devant la tâche commune. Les maristes seront au service des évêques pour lesquels ils travaillent. Dans les missions des campagnes, pas question de faire de l'ombre au curé du pays, et l'on se gardera bien de se mêler des histoires de clocher et d'avoir d'autres relations avec les habitants que celles qui tiennent à la mission. Les maristes travaillent pour l'Évangile, non pour leur propre compte. En outre, le rattachement inconditionnel au pape semble à Colin le meilleur rempart contre les dérives d'une Église nationale qui ont failli la détruire.

Une tâche sans cesse à reprendre?

C'est celle de l'unité à l'intérieur de notre Église : non pas de mise au pas ou d'uniformité, mais de l'unité chère au cœur du Christ. Comment faire pour dépasser la critique, la méfiance ou le simple côtoiement? Comment faire pour que la paroisse n'apparaisse pas comme un club fermé mais comme le lieu de rassemblement de tous les chrétiens? Pour que les communautés de type prophétique ou charismatique ne soient pas soupçonnées d'être en marge ou de travailler pour leur propre compte? Comment concilier les tenants du prosélytisme et ceux du témoignage discret de la vie ordinaire? Comment comprendre la nostalgie des tenants d'une Église d'antan où « tout allait bien »? La liste des points de friction est interminable, sans compter la méfiance vis-à-vis de l'institution, de la parole officielle, à laquelle on reproche parfois simultanément de se taire ou de trop parler!

Marie n'arrive pas avec la réponse en poche à toutes ces questions. Elle est là, parlant peu, écoutant beaucoup les uns et les autres, n'usant pas d'arguments d'autorité, ne prétendant pas résoudre seule la question, et moins encore avoir raison sur tout. Mais son vœu, c'est celui d'une mère : que tous vivent et grandissent!

Je ne suis certainement pas responsable de tout ce qui va mal dans l'Église! Mais quand même, je peux m'interroger sur mon attitude et mon engagement dans ce travail d'unité : comment faire droit à la parole de l'autre? Comment aller vers lui avec un a priori favorable? Comment reconnaître le positif d'un point de vue qui n'est pas le mien? Comment éviter de me situer d'emblée dans le vrai? Et accepter de rencontrer des personnes dont je ne partage pas le point de vue, de travailler et de discuter avec elles?

Colin répète à l'envi que la Société de Marie n'a pas d'autre modèle que l'Église naissante. Notre Église d'aujourd'hui, comme celle des apôtres, ne peut vivre que de l'unanimité des groupes, non pas dans la fusion, mais dans leur entente, leur complémentarité, leur prière commune, leur disponibilité à l'Esprit. Le parcours chrétien n'est pas une course en solitaire. C'est ensemble que nous parviendrons au terme. Avec Marie.

NAZARETH

Il faut tenir beaucoup, chers confrères, à l'esprit qui a présidé à la naissance de la Société. Étudiez-le de plus en plus chaque jour ; vous ne serez de bons maristes qu'autant que vous le mettrez en pratique. Et quel est cet esprit ? C'est celui de la sainte Vierge. Un esprit de modestie, d'humilité, de prudence, de simplicité, de discrétion. Voyons Marie dans tout, imitons sa vie de Nazareth. Elle a fait plus que les apôtres pour l'Église naissante, elle est la reine des apôtres, mais elle l'a fait sans bruit, elle l'a fait surtout par ses prières. Unissons donc le silence, la prière à l'action. La Société de Marie veut que nous soyons, nous ses enfants, des missionnaires d'action et des missionnaires de prière (ES 190).

Nazareth, un « trou »

Nazareth et l'Église naissante, la prière et l'action, le silence et l'action, missionnaires de prière et missionnaires d'action, autant de rapprochements qui nous mettent sur la voie d'une pédagogie spirituelle élaborée par Colin pendant la seconde partie de sa vie.

Nazareth lui paraît un passage obligé pour tout mariste. C'est un trou perdu ! D'ailleurs, « de Nazareth, que peut-il sortir de bon » ? C'est comme Belley, dit-il. Et pourtant, c'est à Nazareth que débute l'histoire de l'Église. Et c'est à Belley que commence celle de la Société de Marie. La vie de Jésus à Nazareth dure trente ans. C'est dix fois plus que le temps de sa vie publique. Trente ans durant lesquels – apparemment – il ne se passe rien d'autre que les menus événements de la vie familiale, le travail quotidien d'un artisan, dans l'obscurité, le silence et la modestie des conditions de vie. C'est un temps de formation, marqué par l'obéissance, l'apprentissage, une forme de passivité, la discrétion, pour ne pas dire l'effacement. Mais tout cela est vécu en vue d'une suite qui est encore bien imprécise, voire inconnue durant ces trente années.

Une anecdote éclaire cette intuition de Colin. On dit que Jean-Marie Vianney, compagnon de Colin au séminaire de Lyon, eut envie à plusieurs reprises, lorsqu'il était recru de fatigue, pris par le découragement, de quitter sa paroisse d'Ars pour se réfugier à la Neylière, propriété acquise par Colin dans les monts du Lyonnais, là où il se trouvait, disait-il, comme à Nazareth. Mais, en fait, rattrapé par ses paroissiens, le curé d'Ars n'y parvint jamais. L'anecdote, même inventée, éclaire l'intuition de Colin. Nazareth n'était pas une trappe ou un ermitage. Et Colin ne cherchait pas à s'y réfugier, encore moins à s'y cacher. Mais il voulait que l'on s'y prépare résolument à vivre l'Évangile avant d'être envoyé dans les courants d'air du monde.

Nazareth, une école de formation

Nazareth est une proposition qui peut rendre service à tout chrétien. Elle lui rappelle qu'il doit se garder de mettre la charrue avant les bœufs. Et que la vie spirituelle risque de tomber si elle ne marche pas sur ses deux jambes : soit dans le repli et la prière pour fuir la difficulté de vivre dans le monde, soit dans l'activisme aussi généreux qu'inefficace lorsque, à force d'être sur le terrain, on en vient à se demander, fatigué et découragé, pourquoi et pour qui on travaille. À cette époque, les maristes connaissent ce risque de la surcharge : de tous côtés, aussi bien en Océanie qu'en France, ils sont sollicités pour prendre en charge des écoles, des paroisses, des lieux de pèlerinage, élargir leurs champs de mission.

Mais que peuvent donc apporter le temps et le lieu de Nazareth ? Rien, si l'on parle en termes de contenu. Beaucoup, si l'on accepte de se laisser faire. Car ce n'est pas rien de se laisser modeler par l'ordinaire des jours, par le quotidien, d'apprendre à regarder le travail, la relation habituelle, les rencontres, comme le terrain sur lequel Dieu nous attend, d'apprendre à vivre au présent, en mettant de côté nostalgie et projets d'avenir. Ce n'est pas le moment de bâtir des plans sur la comète, même si ce sont des projets pour l'Océanie ! C'est le moment de la patience et du silence accepté. Et pour Colin, c'est sûr, le bénéfice de ce temps rejaillira sur celui de l'action et de la mission et le rendra fécond.

Avec Marie à Nazareth

Alors, allons-nous tout abandonner pour Nazareth ? Pas vraiment. Mais nous pouvons au moins reprendre à notre compte ces phrases de Luc (2,19 et 50-51) : « Quant à Marie, elle retenait tous ces événements et les méditait dans son cœur. » « Mais eux ne comprirent pas ce qu'il leur disait... Sa mère gardait tous ces événements dans son cœur. »

Marie est attentive à « ces choses », ces événements qui surviennent. Elle les accueille, s'interdisant toute question, toute interprétation, toute perspective; elle n'en recherche pas les causes et n'imagine pas la suite. Elle s'interdit tout retour sur elle-même, toute interférence personnelle avec ce qui vient de se passer. Elle ne projette rien de ses espoirs, de ses inquiétudes ou de ses rêves. Elle consent au réel. Elle ne passe pas à côté de l'événement, car l'événement nous dit quelque chose de la part de Dieu! Et c'est lui être fidèle que d'accepter ce qui nous vient.

Rester à Nazareth, au moins de temps à autre, c'est une cure profitable à l'esprit, au cœur. C'est faire le choix délibéré d'un temps d'attention. Le plus souvent, nous vivons dans une ambiance surchargée d'informations, à tel point que, l'une chassant l'autre, on devient indifférent à tout. Dans une ambiance pleine de bruits, de paroles, de messages, risquer le silence et croire que du silence pourra naître une parole. Non pas une parole de plus, mais une parole de vie.

Rester à Nazareth, c'est choisir de se « recueillir », pas seulement au sens habituel de la dévotion et du respect des lieux dans lesquels on se trouve, mais de se retrouver soi-même, de se retrouver présent à soi-même en mettant de côté toute envie de changer les choses, de trouver des solutions, de résoudre des problèmes. C'est se laisser faire par un autre. Et pouvoir dire en vérité : « Me voici. »

Revenir à Nazareth, c'est se soustraire volontairement à l'emprise du travail, de l'engagement, de la responsabilité, se fermer pour un temps aux innombrables sollicitations. Et, en quelque sorte, revenir au point de départ pour y retrouver l'essentiel, consentir à se dépouiller de la susceptibilité, de la satisfaction, des excès de la sensibilité, de l'image de soi. Faire le point. Revenir au centre. Et de là, depuis Nazareth, retrouver la route qu'il faut prendre pour aller vers les hommes!

Nazareth n'est pas un stage de préparation à la vie contemplative, ni une session zen. C'est un lieu d'apprentissage de la docilité, de la fidélité à ce que Dieu veut, c'est la mise en forme d'un instrument pour le service du Seigneur.

Pas une minute à perdre : prenons le temps de revenir à Nazareth. La décision sera peut-être douloureuse et la raison, le devoir d'état, les engagements pris se dresseront pour la contrecarrer. Mais elle sera payante! Nous retrouverons plus tard nos agendas et notre messagerie. Plus conscients et plus libres.

UN SEUL CŒUR, UNE SEULE ÂME

Nous ne prenons pour modèle aucun corps, nous n'avons point d'autre modèle que l'Église naissante. La Société a commencé comme l'Église ; il faut que nous soyons comme les apôtres et comme ceux qui se joignirent à eux et qui étaient déjà bien nombreux. Cor unum et anima una. Ils s'aimaient comme des frères. Et puis, oh ! l'on ne sait pas quelle dévotion les apôtres avaient pour la sainte Vierge ! Quelle tendresse pour cette divine mère ! Comme ils recouraient à elle ! Imitons-les ; voyons Dieu en tout (EK 25 ; ES 42,3).

Photo de famille

Colin revient souvent sur ce tableau des origines : la Vierge entourée des apôtres et de quelques disciples formant un groupe familial, chaleureux. On a envie d'en faire partie! Ne disait-on pas à propos des premiers chrétiens : « Voyez comme ils s'aiment! » Et de fait, Luc, dans le livre des Actes (2,41), évoque les milliers de personnes qui, dès le départ de l'Église, demandent le baptême et rejoignent les disciples. Comme si cette fraternité, cet amour mutuel était la *preuve,* l'attestation du message évangélique. Le rapprochement de ces événements, même s'il force un peu la réalité, appuie ce que Colin nous dit. Notre attachement à Marie fait de nous des frères. Notre union fraternelle sera féconde et la famille s'agrandira! Et elle témoignera de l'Évangile.

En effet, cette fraternité n'est pas complaisance du groupe pour lui-même, repli des frères entre eux, club d'initiés. Il y a même danger possible de l'individualisation de groupes juxtaposés, chacun se suffisant à lui-même, peu curieux ni soucieux de ce qui se passe chez le voisin. La fraternité a un double objectif. Elle est d'une part apport mutuel, entraide fraternelle. Et d'autre part elle est appel, invitation faite à tous ceux qui veulent la rejoindre. Par elle-même, la fraternité porte du fruit à l'intérieur comme à l'extérieur du groupe.

Ainsi, lorsque Colin recommande aux éducateurs du collège de Belley, dont il est le supérieur, de s'aimer comme des frères, c'est aussi pour inciter les enfants à faire de même. Et s'il donne la même consigne aux missionnaires en partance pour l'Océanie, c'est que l'entraide spirituelle et fraternelle est capitale pour tenir dans les situations où ils se trouveront.

Certes, Colin, lorsqu'il chante l'unité primitive, a les yeux fixés sur la première Église ; mais aussi sur le monde qui l'entoure. Et l'union qu'il promeut prend le contre-pied de ce qu'il a vu depuis son enfance dans l'Église et à tous les niveaux de responsabilité : le chacun-pour-soi, l'inégalité acceptée, justifiée. Sa façon de réagir traduit son engagement sur ce point jusque dans les détails : ainsi, dans la communauté, il prévoit que tous les pères, et pas seulement les frères à leur service, « coadjuteurs » ou « auxiliaires », devront prendre leur tour de cuisine. Et si l'on donne du café aux pères à la fin des repas, les frères y auront droit aussi. Plus important encore, il va de soi pour lui que le chapitre général, c'est-à-dire l'assemblée plénière de la congrégation, ne sera pas réservé aux autorités : tous les religieux, frères, pères, quels que soient leur emploi et leur responsabilité, pourront y siéger s'ils sont élus ! C'est clair : on n'est pas dans une société de castes, mais de frères.

Revenir sur terre

« *Un seul cœur, une seule âme* », « *vivre en frères* ». Reconnaissons que l'expérience vécue n'est pas toujours à la hauteur du projet. Il s'agit bien plus que d'un rapport à la loi : c'est toute la personne qui est mise en cause dans la formule. Certes, nous comprenons bien qu'il ne s'agissait pas d'établir des relations amoureuses ou d'amitié : on choisit ses amis, on accepte, on supporte ses frères. « Supportez-vous les uns les autres », nous dit Paul (Col 3,12). Et le mot « supporter », utilisé largement dans le monde sportif pour le meilleur et pour le pire, conviendrait aussi bien que le verbe : on tente d'être le *supporter* de ses frères autant qu'on les supporte ou qu'ils nous supportent. Et l'on connaît bien tous les risques encourus par ceux qui tentent de vivre la fraternité, en famille ou en communauté, partout où l'on s'attelle à la même tâche ou au même projet. Celui qui rêverait de la communauté idéale risque fort de la chercher longtemps et sans doute de faire des dégâts dans celle où il se trouve.

Certes, il n'y a pas de méthode pour vivre ensemble. Colin n'est pas naïf, il se contente plutôt de donner quelques indications pratiques : il insiste beaucoup sur le respect mutuel, affectueux. Il parle de *« civilité »*, de délicatesse, d'égards mutuels dans le langage et la tenue, autant d'occasions *« d'honorer »* le frère. Il insiste sur le pardon et l'encouragement mutuels et la mise au point régulière de la vie commune.

Une fraternité à l'usage de tous

De nos jours, la fraternité a le vent en poupe – au moins dans les discours officiels. Et elle figure toujours sur le fronton des édifices publics. Plus que jamais, elle devrait être cultivée.

D'abord comme une responsabilité. Dans un monde individualiste à l'extrême, qui exalte le gagnant ou la performance personnelle, la fraternité rassemble, réunit. Et lorsque certains se trouvent pénalisés par tel ou tel handicap physique, intellectuel, social, la fraternité refuse la discrimination et prend en charge tous ses membres. Et, comme le raconte Colin avec un exemple de son temps, le voyageur qui traverse la forêt de nuit est envahi de mille peurs imaginaires ou réelles. Mais s'il a un compagnon, alors il lui parlera et ses peurs se dissiperont ! La fraternité, c'est ainsi un chemin à faire ensemble pour se sauver ensemble.

Et puis la fraternité est féconde. Elle produit d'elle-même du fruit. Elle est attirante, accueillante. Elle pratique l'hospitalité : pas seulement celle du gîte et du couvert, et c'est déjà beaucoup. « Si quelqu'un a quelque chose contre toi, invite-le à dîner », conseille un vieil adage : on est loin du self-service. Et aussi l'hospitalité du cœur, qui exige beaucoup de la part de celui, de ceux qui reçoivent et qui ne demandent rien en échange. Il faut à la fraternité beaucoup de souplesse, de disponibilité dans ses habitudes et ses attitudes pour que l'hôte se sente accueilli, voire attendu.

L'hospitalité, c'est l'antidote à l'hostilité, à la peur et à la méfiance des hommes entre eux. C'est aussi la porte ouverte à la découverte mutuelle, et peut-être même à l'enrichissement mutuel. La fraternité qui pratique l'hospitalité construit des ponts.

Autant de termes qui nous renvoient paisiblement à nos expériences quotidiennes en famille, en communauté, à l'école, partout où nous côtoyons les autres. Ne les prenons pas pour des mises en question, des reproches camouflés ou des regrets de toutes nos insuffisances dans ce domaine. Mais d'abord en action de grâce pour ce que chacun a reçu des autres, de sa famille, de ses frères de ses voisins, des chrétiens… « Oh ! Quel plaisir, quel bonheur de se trouver entre frères » (Ps 133).

UNE SAINTE GAÎTÉ

Que je suis content de voir que les maristes ont une vertu large, aisée et pleine d'abandon. Je favorise et établis ce genre de toutes mes forces. Quand je dis j'établis, ce n'est pas moi qui parle, mais je l'établis par mes manières de faire. Autrefois, dans telle maison, on était un peu guindé, un peu gêné ; maintenant, cela a bien changé : on a le cœur plus large, on y va simplement, gaiement. Eh ! si l'on n'avait pas toujours ainsi une certaine allégresse dans l'âme, une certaine liberté, où seraient les charmes de notre vie ? Je n'aime pas ceux qui ont toujours les mains jointes et dont la dévotion est étroite (ES 43).

Un autre Colin ?

« *Livrez-vous à la joie, la gaîté soulage la nature.* » Cet homme est surprenant. Ce qu'il a vécu personnellement lui fait porter sur le monde et sur le genre humain un jugement franchement négatif, quasi désespéré. Et dans cette grisaille et cette morosité, voilà cet homme, qu'on imagine plutôt sévère et d'un abord difficile, qui apparaît sous un tout autre jour ! Ses contemporains, ses confrères le disent gai, y compris dans la vieillesse et la maladie. Ils dépeignent sa manière de faire, bonne, gaie, fraternelle. Ils évoquent son « abandon », son « laisser-aller », autant d'attitudes qu'on est surpris de trouver chez lui. Colin, supérieur général, vante le charme et le mérite d'une « sainte gaîté » dans la communauté. Il s'en réjouit et critique la dévotion étroite, pointilleuse. Trop de rigueur nuit à tout le monde, à celui qui la pratique et à ceux qui en sont témoins. Il faut répandre la joie dans le cœur des autres. *« Soyez toujours gai »,* dit-il à un confrère. Un bon religieux n'est pas forcément celui qui se prend au sérieux et promène son allure compassée. Et tout cela est vrai en toutes circonstances, mais encore plus particulièrement lorsqu'on a en charge l'éducation des enfants. À trop exiger d'eux, à trop prier, à prier trop longtemps, on les ennuie et on les décourage.

Les souvenirs de ce temps illustrent ce trait de caractère, notamment lorsqu'on évoque, comme souvent, les repas ! Non pas qu'ils fussent particulièrement abondants ou soignés, mais surtout parce qu'ils se prolongent. Vient alors le moment où l'on rapproche les chaises auprès de lui. Et, durant de longs moments, il met les gens à l'aise et « les cœurs au large ». Il a sans doute un talent de conteur, l'art de raconter, d'attirer l'attention sur un détail cocasse. Il évoque ses innombrables aventures dans les labyrinthes de l'administration romaine. Et il étonne son monde par cette faculté qu'il a, au milieu d'affaires lourdes, difficiles, de garder du recul, de l'humour sur lui-même, sur les situations qu'il évoque, et de le communiquer aux autres. Alors, disent les convives, « nous riions de bon cœur, nous étions contents, c'était une petite fête » (QS 386).

Toute son existence, Colin se rappellera des débuts difficiles d'une petite équipe de maristes dans les villages perdus du Bugey : au cours des missions, il arrivait que des mauvaises têtes, des récalcitrants fassent du bruit pendant les sermons ou qu'ils lancent des cailloux sur les prédicateurs à la sortie ! Et Colin, semble-t-il, a oublié tout cela :

Je désire singulièrement qu'on ait dans la Société quelques souvenirs sur nos premiers commencements... Jamais nous n'avons été si joyeux, jamais nous ne riions de si bon cœur. J'ai toujours regretté ce temps-là (OM 2, 581, 1 ; 639, 1).

C'est le même homme qui, revenu dans son bureau, devra se tenir difficilement au courant de ce qui se passe en Océanie, trouver sans cesse de l'argent pour subvenir aux besoins missionnaires, notamment aux voyages interminables, répondre à toutes les demandes d'implantations nouvelles à l'étranger ou en métropole. Tout cela en continuant de préciser, d'organiser la vie propre de sa famille religieuse.

Il faut que vous répandiez de la joie dans le cœur des autres

Message un peu déroutant pour nous. A-t-il vraiment sa place dans une proposition d'approfondissement spirituel et de prière ? Certes, nous nous retrouvons bien dans la liste des malheurs du temps, et nous pourrions même l'allonger. Mais nous entrons plus difficilement dans sa proposition : « *Soyez toujours gais.* » Et, d'une façon générale, on ne peut pas dire que nos rassemblements en Église soient marqués par la joie! En fait, Colin nous invite à regarder de près ce qui nous retient d'être joyeux. À sa façon, il nous dira donc :

Cessez cette contemplation morbide de vous-mêmes. Sortez du cercle de vos ennuis, de vos désillusions et de vos peurs. Ouvrez les portes et les fenêtres de vos maisons. Faites entrer l'air frais et la lumière de l'Évangile.

Il nous invite à nous arracher à la contemplation de nos malheurs, de ceux de l'Église « qui se vide », « où les jeunes ne vont plus », « où l'on s'ennuie ». Nous arracher aussi à la liste de nos propres défaillances, petites et grandes, sans cesse renouvelées et qui ternissent l'image que nous nous faisons et que nous voulons donner de nous-mêmes. Nous pourrions reprendre à notre compte l'invitation pressante de Colin :

Que les maristes ne pensent pas tant à eux-mêmes. Oh ! vraiment, quel spectacle ! Nous sommes si beaux. Mais plutôt regardons Dieu, qui est la beauté incréée (EK 546).

Nous nous salissons nous-mêmes en restant avec nous (ES 54,3).

Un message toujours bon à prendre

Il y a, dans cette façon d'être de Colin, une manière de prendre du recul par rapport à ce qui lui arrive, par rapport à lui-même et par rapport aux autres. Et, de ce fait même, de redonner à telle parole, à tel événement son vrai sens. Ne passons pas trop vite sur ce qui pourrait n'apparaître que comme un épisode plaisant, curieux. Jésus lui-même nous dit quelque chose à ce propos (Mc 2,19) : les invités de la noce ne vont tout de même pas s'interdire de manger en présence du marié. Et quand Jésus est là, on ferait mieux de profiter de sa présence et de s'en réjouir plutôt que de ruminer ses péchés.

N'allons pas trop vite en mettant l'humour au magasin des accessoires : le mot a la même racine qu'humilité. Après tout, dédramatiser, comme le fait Colin, c'est redonner aux personnes et aux choses leur importance réelle. C'est donner du champ à l'espérance. La sainte gaîté, la joie, c'est un peu la couleur du temps, l'éclat d'un rayon de soleil dans une journée grise : un éclat qui ne supprime pas les choses pas très belles, mais nous les fait voir sous un autre aspect.

Sans rien oublier de nos soucis, rendons grâce au Seigneur en lui exprimant ce qui nous procure du bonheur, de la joie dans la création, dans nos relations, dans notre travail et dans nos projets. Pour ce qui est beau et bon dans notre vie et la vie de ceux que nous aimons. Et puis, prenons pour nous ce conseil de Colin :

Rions… puisque Dieu veut que nous riions.
Nous pleurerons d'autres fois !

Et empruntons à Marie son chant d'action de grâce : « J'exulte de joie en Dieu mon Sauveur. »

COMME MARIE

Qu'ils [les maristes] se souviennent toujours que, par un choix gratuit, ils sont de la famille de la Vierge Marie, mère de Dieu, qu'ils tiennent d'elle leur nom de maristes et que, dès le début, ils l'ont choisie comme modèle et comme première et perpétuelle supérieure. Si donc ils sont vraiment et désirent être les fils de cette auguste Mère, ils s'appliqueront constamment à se pénétrer et à s'animer de son esprit : esprit d'humilité, d'abnégation propre, d'union intime avec Dieu et de charité très ardente envers le prochain. Ainsi doivent-ils, en toutes choses, penser comme Marie, juger comme Marie, sentir et agir comme Marie; sinon ils seraient des fils indignes et dégénérés (C 228).

Intime conviction

« Comme Marie », « à la manière de Marie ». Ces expressions reviennent souvent sous la plume de Colin. Marie, dit-il, est la première et perpétuelle supérieure de sa famille religieuse. Et il ne cesse d'inviter, d'inciter les maristes à ne rien faire, à ne rien dire, à ne rien entreprendre sans la regarder, à lui rapporter toutes leurs actions, tous leurs projets, toutes leurs questions :

> *Vierge sainte, que dois-je dire ? Que dois-je faire ?*

Et bien sûr, ils devront agir comme elle, discrètement, silencieusement, sans tapage. Sur la fin de sa vie, Colin fera cette étrange confidence qui confirme cet attachement :

> *Ô bonne Mère, la Société est votre œuvre. Si je n'avais été qu'un instrument passif, tout serait bien mieux allé ; c'est parce que j'ai mêlé du mien que toutes ces misères nous arrivent* (EK 167).

Rien de tout cela ne se manifeste en dévotion, prière, culte particuliers. Pas plus qu'en écrits spirituels ou théologiques sur Marie. C'est que Colin s'intéresse d'abord à faire sien le comportement marial, le comportement de la mère et de la disciple de Jésus tel que l'Écriture nous en parle… si peu ! Un comportement qui unit de façon paradoxale une présence forte, réelle, un engagement sans reprise quand il le faut – c'est l'annonciation, Cana, la crucifixion – joint à une discrétion quasi absolue, marquée par le peu de paroles, l'absence de manifestations ou de déclarations, l'écoute, la rumination des événements.

Cherchez la femme

Ce projet de Colin est à reprendre à chaque génération. Comment, en notre XXIe siècle, trouver une façon d'être et de vivre en accord avec le destin si particulier de Marie ? Colin nous aide en nous renvoyant à l'Écriture : Nazareth, Cana, quelques épisodes de la vie publique de Jésus rapportés par l'Évangile, la mort de Jésus et, bien sûr, l'après-résurrection.

Marie, dans la suite des femmes de la Bible, permet au plan de salut voulu par le Seigneur de se réaliser, par le « oui » qu'elle donne à l'ange. C'est ce qu'elle exprime dans le *Magnificat* en reprenant des mots, des expressions, des prières faites par toutes les femmes qui l'ont précédée et qui ont collaboré à leur manière au dessein de Dieu pour les hommes. Plus tard, elle aidera Jésus à faire le pas décisif vers sa mission, et le pressera en quelque sorte d'entrer dans une vie publique. Alors qu'il semble hésiter : « Mon heure n'est pas encore venue », elle le bouscule un peu : « Ils n'ont pas de vin », lui dira-t-elle à Cana, et aux serviteurs : « Faites tout ce qu'il vous dira. » Elle est disponible aussi à la parole de son fils, et lui fait encore confiance lorsqu'il laisse entendre que les liens du sang ne sont pas les plus importants et que « celle qui écoute la parole de Dieu et la garde » a du prix à ses yeux. Et, du coup, elle franchit encore ce passage de la mère à la disciple.

Passage encore vécu cette fois comme une seconde annonciation, une seconde maternité, douloureuse cette fois. Le fils meurt en lui confiant le disciple : « Femme, voici ton fils. » Et le disciple la prend chez lui. Et la voilà mère de la première communauté chrétienne, de la première Église !

Marie et nous, Marie et moi

Il ne va pas de soi d'avoir de justes relations avec Marie ! Elle peut paraître lointaine, statue derrière des invocations litaniques bien obscures, « tour de David », « trône de la sagesse », « reine des anges ». Femme au destin exceptionnel, tellement éloigné du nôtre, mère de Jésus et mère de Dieu, vierge, immaculée, sans péché, déjà ressuscitée et montée au ciel. Et pourtant, elle a tant de choses à nous dire!

Femme de l'intériorité : lorsque tout nous attire vers les choses à faire, lorsqu'il faut répondre aux sollicitations, lorsque nous sommes assiégés par les informations du monde entier... nous nous souvenons : elle méditait toutes ces choses en son cœur.

Mère à Bethléem et mère au Golgotha, à Nazareth avec le fils qui grandit près d'elle, et aussi avec le fils qui court les routes de Palestine. Et même si elle ne le comprend pas toujours, elle lui fait confiance et le laisse accomplir « sa mission ».

Cette femme, rencontrée par hasard, se fait du souci pour l'un de ses fils. Il a passé la quarantaine, mais il continue d'accumuler les difficultés en tous genres. Et quand on fait remarquer à sa mère : « C'est un adulte, à cet âge-là », elle répond : « Oui, mais je suis toujours sa mère. »

Lorsque le démon « à quoi bon? » nous suggère de laisser tomber, Marie montre le fils et nous dit : « Faites tout ce qu'il vous dira. » Et encore, quand elle aurait des raisons de désespérer, on nous dit qu'elle est debout là où meurt le fils. Porter son nom, la prendre pour modèle, ce n'est pas répéter le mot à mot de l'Évangile, c'est donner une place à Marie dans nos vies, pour qu'elle agisse comme elle le fit avec Jésus, qu'elle soit porteuse d'espérance, qu'elle nous partage sa confiance dans la vie et sa foi dans la parole de son fils.

Chacun peut se poser la question : accueillir la parole de Dieu comme le fait Marie dans la vie quotidienne de Nazareth, qu'est ce que cela veut dire ? Conserver tout cela dans son cœur et le méditer ? Comment recevoir cette phrase comme une invitation à l'intériorité, non pas au repli mais au retrait, au recul, à la profondeur des choses, des mots, des événements ? Comment accueillir ce qui vient ? Surtout l'imprévu, le difficile ?

Comment Marie, femme du passage, peut-elle nous accompagner dans les différents passages qu'il nous faut accomplir dans nos vies, tout simples et tout naturels parfois, mais pas plus faciles pour cela : passage de l'âge, passage de la santé à la maladie, passage de l'activité au désengagement ou du désengagement à l'engagement, passage dans ma foi (« Je ne crois plus comme avant »), passages dans le rapport aux autres, entre parents et enfants ou petits-enfants, passages parfois douloureux dans les modifications que connaît ma communauté d'Église… et tant d'autres ? Et plus encore, Marie peut nous aider à être nous-mêmes passage pour d'autres, pont, passeur.

Marie, la femme qui veut vivre et faire vivre, qui choisit de vivre!

Marie présente à tous les aiguillages de la vie!

Marie du côté de ce qui naît, du côté de la vie!

DIRE NON

Qu'ils aient horreur de toute cupidité. Oh! oui, que nous abhorrions cet esprit. J'ai vu dans les règles de certains corps qu'il faut chercher à se concilier « les personnes haut placées », à gagner leur faveur... Moi, j'ai pris le contre-pied, et je dis que la confiance qu'on appuie sur la créature, quelle qu'elle soit, est toujours au détriment du créateur. C'est autant de pris sur le bon Dieu. Pour moi, quand j'ai quelque projet et qu'il me vient en pensée : telle ou telle personne pourrait t'être utile, je la retranche aussitôt et je me dis en me narguant de moi-même : oui, et alors la sainte Vierge te laissera faire tout seul, quand elle verra que tu cherches ailleurs tes ressources (ES 54,2).

Haro sur la cupidité

Le grand mot est lâché. La seule évocation de cette tendance met Colin en colère. Elle provoque chez lui une véritable répugnance psychologique. Il manifeste la même aversion pour l'orgueil et le goût du pouvoir, qu'il jette dans le même panier que la cupidité. Cette hargne ne contredit pas sa fidélité à l'Église. Ce qu'il dénonce, c'est le comportement qui dit le contraire de l'Évangile que l'on est censé annoncer ! Tout cela est contraire à l'esprit de Marie. Pourquoi cette cible privilégiée et pourquoi cette violence ? Elles s'expliquent par une malheureuse expérience de jeunesse, et aussi par l'analyse qu'il fait de la société dans laquelle il vit.

L'expérience de jeunesse ressemble à une scène du théâtre de Molière ! Durant son adolescence, Jean-Claude Colin tombe gravement malade. On le croit perdu. Ses proches, réunis autour du lit, pensent qu'il est sans connaissance. Lui entend tout ce qui se passe et en particulier les conversations autour de l'héritage qu'il va laisser, puisqu'il est orphelin depuis longtemps et dépositaire de la fortune de ses parents. Il est écœuré.

Plus profondément, il analyse la situation dans laquelle se trouvent son pays en général et l'Église en particulier. Il est lucide sur l'attitude d'une partie du haut clergé, sa richesse, la prédominance des intérêts personnels sur le souci pastoral. Il voit les dégâts qu'ont entraînés les écarts entre le haut et le bas clergé, le mépris réciproque, l'incompréhension et la désertion des chrétiens. Il a constaté aussi que les jésuites, qu'il admire par ailleurs, ont payé très cher leurs relations, leurs réseaux d'influence auprès des puissants de ce monde. Et que cela leur a valu un sévère retour de bâton : la dissolution de la congrégation par le pape et en conséquence leur expulsion de France et beaucoup de mépris.

Sa condamnation est sans appel. On la retrouve dans les constitutions des pères maristes, qui évoquent l'opposition radicale « entre l'esprit de Marie et l'esprit d'ambition, de convoitise et d'appétit de pouvoir » (C 92). L'Évangile traduit cela de façon encore plus claire par cette parole de Jésus : « Nul ne peut servir deux maîtres. »

Toujours plus

La comparaison avec notre monde paraît aller de soi. La cupidité, la convoitise dénoncées par Colin ressemblent fort au « toujours plus » ou au « jamais assez » de notre temps. Pour réussir, il nous faut être performant, être un gagnant. Et pour cela, il est bon « d'avoir des relations » et de se soumettre aux impératifs du temps, de la mode, du « socialement correct », bref, il faut être « de son temps ».

Mais avant de pourfendre la société, regardons-nous dans un miroir. Sans doute, nous ne nous reconnaîtrons pas dans le cupide, assoiffé de pouvoir et d'argent et intriguant auprès des puissants ! Mais saisissons la perche que nous tend Colin et interrogeons-nous. Nous arrive-t-il de mettre notre « image » en péril et de risquer un « non » qui déplaira : non à des propos, à des comportements, à des situations que nous jugeons inacceptables, en raison de notre foi ou tout simplement du respect de l'homme ? Ou bien préférons-nous le conformisme qui n'altérera pas notre bonne réputation ? Et alors nous faisons « comme si », ou bien nous faisons semblant de ne rien voir et de ne pas entendre.

Pour progresser dans ma vie – familiale, religieuse, professionnelle –, quels sont les « non » que je devrais prononcer ? Qu'est-ce qui me retient de les dire ? Il ne s'agit pas de paraître grognon, ou père-la-morale, mais plutôt de considérer le grand service rendu à la communauté et à soi-même en posant ainsi des « non », pas pour le plaisir d'interdire, mais des « non » qui structurent et qui rendent un peu plus libre.

Suffisance, contentement, attachement à l'argent : cela peut me guetter. Et je peux tomber dans le piège sous les meilleurs prétextes :

je veux « bien faire » dans ma participation paroissiale, en famille, au travail, en communauté religieuse. Et le danger n'est pas de « réussir », mais de se penser maître de la réussite, sans laisser à Dieu sa part ! Et l'on connaît malheureusement des exemples de réussites humaines qui ont littéralement dévoré leurs auteurs, ces personnes qui se sont enfermées, qui se sont approprié leur succès, repliées, satisfaites de leur œuvre... toute une vie humaine mobilisée, piégée par le projet humain tout en se détournant de l'attention à Dieu !

Et puis il y a les facilités quotidiennes auxquelles nous nous sommes habitués : les infidélités répétées, la routine des heures, la lassitude des jours, le souci de la réputation, et tant d'autres.

L'honneur de Dieu

Pourquoi brandir tous ces panneaux indicateurs : « Attention, danger » ? Parce que, pour Colin, il y va de l'honneur de Dieu.

Dieu n'est pas du côté de la cupidité, il est du côté de la gratuité. Mais nous avons du mal à le comprendre : nous multiplions ce que nous croyons devoir faire pour nous sauver et sauver le monde. Et lui nous dit qu'il nous sauve par amour et gratuitement. Nous insistons pour recevoir des cadeaux de sa part dont nous estimons avoir besoin. Et lui nous dit : « Mais vous avez déjà les mains pleines de vos projets, de vos moyens, de vos plans, de vos discours. Elles sont si pleines que je ne peux plus y mettre la moindre chose. »

Nous sommes fiers de lui présenter notre travail : « Vois ce que nous avons réalisé! » et nous l'entendons à peine nous dire : « N'oubliez pas que c'est d'abord le mien, et que je vous ai choisis pour être de bons instruments. Vous n'êtes pas à votre compte. »

Nous pensons qu'il est important de « faire », de produire : et il nous demande si, de temps en temps, nous prenons le temps d'être, d'exister, devant lui, paisiblement, gratuitement, sans rendement apparent et, aussi bizarre que cela puisse paraître, de nous laisser aimer. Remettons-lui notre désir et nos infidélités, notre bonne volonté, nos capacités, et aussi nos maladresses. Il saura, le temps venu, faire de nous les ouvriers dont il a besoin.

Laissons dans notre prière le dernier mot à la gratuité. Et attardons-nous le temps qu'il faut sur les paroles de Marie : « Les affamés, le Seigneur les a comblés de biens, et les riches, il les a renvoyés les mains vides. »

neuvième jour

INCONNUS ET COMME CACHÉS DANS LE MONDE

Le père Colin, parlant de la vie cachée qui devait être la vie de la Société, dit : « Voilà, messieurs, un des caractères de la Société, et ce en quoi elle doit se distinguer, suivant l'esprit particulier de sa vocation, de quelques autres qui l'ont précédée et que je ne juge ni ne condamne. L'animosité qu'on a contre quelques-unes ne vient pas toute, ce me semble, de la haine contre la religion; en plusieurs, cet éloignement pourrait venir aussi en partie du genre qu'ont adopté ces communautés […] Cherchons à adopter un genre modeste qui donne le moins d'ombrage possible à ceux au milieu desquels nous vivons, et qui est conforme à notre vocation et à l'esprit de la sainte Vierge dont nous portons le nom » (ES 146,4).

L'origine d'une expression

Les premiers maristes rapportent que l'expression *« inconnus et comme cachés »* revenait souvent dans les propos de Colin : *« Tout l'esprit de la Société est là »,* disait-il. Ce qui est certain, c'est qu'elle se transmet à toutes les générations depuis l'origine, un peu comme un mot de passe. L'interprétation est parfois hésitante : est-ce une invitation à l'humilité, à la réserve, à ne pas se mettre en avant ? Il se peut aussi qu'elle soit le fruit d'une réflexion de Colin sur l'actualité de son temps. Il réfléchit sur ce qu'il a vu, en particulier les déboires de la compagnie de Jésus, supprimée par le pape entre 1773 et 1814. Les jésuites paient cher leur notoriété. *« Il ne faut pas attirer les regards sur nous. Il ne faut pas provoquer »* (ES 69), commente Colin.

Mais il faut aller plus profond pour chercher le sens de cette parole *« adressée à une âme »,* dira-t-il, par Marie, bien sûr. Une fois encore, le tableau initial, Marie et les apôtres, l'inspire et guide son expérience. Marie avait cette attitude au départ de l'Église :

> *A-t-elle fait du bruit ? L'Évangile parle peu d'elle, bien peu ; cependant, c'est elle qui attirait les grâces du ciel sur la terre* (EK 356).

Elle a compris qu'il ne fallait rien forcer, rien imposer, mais que son attitude de mère, en encourageant, en veillant, en patientant, aiderait l'Église à naître et à grandir. Dieu lui-même n'agit-il pas ainsi ? Déjà, l'histoire d'Élie nous apprenait que Dieu s'exprime plus dans un souffle de fin silence que dans le fracas du tonnerre !

La formule que Colin approfondira toute sa vie est une réponse intelligente à la situation pastorale de son temps. Les paysans se souviennent du poids de l'Église, des impôts qu'il fallait lui verser, de l'autorité du curé qui ne se gênait pas pour réglementer la vie familiale et personnelle. Révolution et Empire ont contribué à la diffusion des idées du siècle des lumières : la liberté de pensée, la raison opposée à la foi, le libre choix de ses opinions en tous domaines. Alors *« il ne faut pas attirer le regard sur nous », « il ne faut pas provoquer »* (ES 89). Il faut laisser de côté tout ce qui, de près ou de loin, pourrait ressembler à une volonté d'imposer la foi ou à toute forme de triomphalisme. On n'est pas en mission pour son propre intérêt. On est d'abord et seulement au service de l'annonce de l'Évangile. Et il faut faire confiance, car la Vérité parle d'elle-même, elle s'impose par sa propre force.

Une formule à prendre à notre compte?

Cette réflexion pastorale, Colin nous invite à la poursuivre pour notre temps. La formule *« inconnu et caché »* est-elle encore pertinente aujourd'hui ? Le temps serait-il venu de proclamer la bonne nouvelle à coups de trompette et de discours vibrants et triomphants ?

Certes, l'Église ne « pèse » plus sur les gens comme au XIXe siècle. Elle leur est plutôt indifférente et leur paraît vieillotte. Son discours leur paraît trop défensif, inadapté, hors de propos. Ils pensent qu'elle s'occupe de ce qui ne la regarde pas. Et il y a bien longtemps qu'on peut prendre ses distances avec elle en toute sécurité. Et puis il y a tant de bruit, autour de nous, tant de messages, qu'on a bien du mal à s'y retrouver. Comment traduire cette disposition, *« inconnu et caché »*, dans une forme de présence réelle, concrète, auprès de nos contemporains ?

Les termes, d'eux-mêmes, nous conduisent déjà à une première constatation. Si les maristes se veulent présents au monde, ils refusent d'attirer l'attention sur eux-mêmes. Leur présence se veut discrète, toute orientée vers les autres. Ils ne s'intéressent pas trop non plus à ce que l'on dit, ce que l'on pense d'eux. Et surtout, cette attention tournée vers l'autre suppose d'abord une écoute patiente de ce qui le fait vivre, souffrir, espérer. Peut-être aussi de ce qui le mine intérieurement.

Et alors, je prends le temps de le recevoir tel qu'il se dit, sans jugement et sans exclusive, et de le reconnaître dans sa singularité sans chercher à le niveler ou à lui coller une étiquette. Alors peut-être un geste, un mot, un silence venu du cœur pourra-t-il rejoindre le cœur. Et l'on s'aperçoit peu à peu que c'est la rencontre elle-même qui devient l'annonce, humble partage de vie, d'espoir. Inconnu et caché, certes, mais proche de l'autre, vulnérable comme lui, et sujet au doute comme lui. Je peux dire moi aussi ce qui m'habite et la source où je puise le goût de vivre.

Notre époque et celle de Colin ont un point commun, la relation difficile avec l'Église et avec Dieu ! Pour des raisons différentes et sous des modalités différentes, dans les deux cas, c'est Dieu qui reste caché et inconnu. Et souvent à cause de ceux-là même qui sont censés le faire connaître. C'est très vrai au temps de Colin : l'Église, le clergé, des manières de vivre, de parler éloignent plus qu'ils ne parlent de Dieu. Et aujourd'hui, on entend dire : Jésus, l'Évangile, oui, à la rigueur… mais l'Église, non ! Comme si elle était obstacle au message du Christ.

Dans cette ambiance, tous les mots sont piégés et des affirmations péremptoires ne faciliteront pas forcément la compréhension. Restent les attitudes, les actes, l'écoute extrêmement fine qui fait percevoir, au travers des mots maladroits, un désir, une insatisfaction, une envie de faire un pas du côté du spirituel ! Dieu, lui aussi inconnu et caché, s'invite à la rencontre. Et là encore on peut se souvenir de Colin. Ce n'est pas le moment du dogmatisme ni celui de se raconter, mais plutôt d'échanger, comme une confidence, quelque chose qui nous parle de Dieu.

Ces rencontres ne sont pas réservées aux prêtres, aux religieux. Demandons-nous donc ce que nos attitudes, nos propos, nos façons de vivre peuvent dire ou non de Dieu autour de nous. Et rappelons-nous ces passages de l'Évangile où Jésus nous dit qu'il était présent : la rencontre des malades ou celle des prisonniers, le pain partagé avec les pauvres, avec les étrangers. Et si cette attitude *« inconnue et comme cachée »* nous préparait, dans la longue patience, dans le silence, dans la prière, à accueillir Dieu *« inconnu et comme caché »* ?

LE SALUT AVANT LA LOI

Que je désire que cette pensée de miséricorde germe dans tous les nôtres! Oh! qu'il est plus aisé de se débarrasser de tout ce qui est dangereux que de convertir! Le zèle ne consiste pas à éloigner tout de suite tout ce qui gêne pour le bien. Ah! ce serait vite fait, alors! Notre Seigneur ne faisait pas ainsi. Ce ne serait pas l'esprit de Dieu. Il faut faire tout ce qu'on peut, tout essayer, prier, et ce n'est qu'à l'extrémité qu'on sévit.
Pour moi, je pardonne deux, trois fois, et je n'ai pas peur d'agir ainsi, parce que je dis au bon Dieu : « Mon Dieu, c'est ainsi que vous faites » (QS 206,9-10).

Une rencontre providentielle

Colin, en homme pratique et plein de bon sens, n'est pas long à découvrir que la pastorale de la pénitence en vigueur de son temps ne peut rejoindre les gens qu'il côtoie. Comme prêtre, le voilà qui rencontre maintenant « sur le terrain » ces hommes, ces femmes, ces jeunes qui émergent péniblement de quinze ou vingt ans de troubles graves. Tous ont été de près ou de loin atteints par la déchristianisation et la dégradation de l'ambiance morale. Comment pourraient-ils rejoindre une communauté chrétienne après avoir acquis des biens d'Église déclarés biens nationaux ? Comment faire bonne figure auprès des autres après avoir divorcé ? Et puis, il y a les règlements de comptes entre villageois à propos de l'attitude du curé ou du prêtre desservant : jureur ? réfractaire ? Et, plus profondément encore, c'est le poids du désarroi après l'effondrement de toutes les structures de l'ancien régime… pour aller où ?

De la théorie à la pratique

Quand les maristes débutent leur ministère pastoral, ils ont entre vingt-cinq et trente ans. Colin comprend très vite qu'on ne rejoindra pas les gens à la manière ancienne, avec des discussions sans fin à propos de la gravité des péchés et une rencontre sacramentelle qui ressemble à un tribunal, avec des interrogatoires troublants, des pénitences impossibles, des absolutions différées pendant plusieurs mois : le Dieu de la pénitence est le Dieu redoutable et terrible aux méchants, et n'a pas grand-chose à voir avec le père de l'enfant prodigue.

Il se trouve que Colin, de nature plutôt timorée, scrupuleuse, a l'immense chance d'avoir pour évêque, à Belley, Alphonse Devie, disciple du grand théologien moraliste italien Alphonse de Liguori, fondateur des rédemptoristes. Durant presque toute sa vie, cet homme s'est battu pour remettre les choses à l'endroit : replacer le pénitent au centre de la confession, supprimer tout ce qui pouvait relever du rigorisme, de la peur, et faire en sorte que le pénitent soit le bénéficiaire d'un sacrement qui est celui de l'amour de Dieu et non de la justice et de la peur de Dieu.

Colin saisit la balle au bond, tire les conséquences de cette proposition soutenue par son évêque. Finis les sermons terrifiants, dans les missions rurales, au cours desquels on s'appesantissait sur les tourments des pécheurs en enfer. Et on n'ira plus chercher de force à leur domicile les pénitents récalcitrants ! À des gens déjà apeurés par tout ce qui leur arrive, et aux plus jeunes en particulier, il convient de présenter un visage aimable, qui dise quelque chose de cette miséricorde dont ils ont bien besoin.

Et si Colin revenait?

Bien sûr, la situation actuelle n'est plus la même. Et nos contemporains en général ne sont pas très préoccupés de revenir vers une communauté chrétienne qu'ils n'ont jamais fréquentée, qui leur paraît hors course, désuète. La cause serait-elle entendue?

La proposition morale de Liguori n'est pas une invention de son cru. Si elle séduit une partie du clergé, c'est qu'elle remet en valeur tout un message de l'Écriture enseveli notamment par les arguties des jansénistes, qui prétendaient que Dieu réservait sa grâce à quelques privilégiés. Le thème de la miséricorde est au cœur de l'Écriture, au cœur de la révélation que Dieu fait de lui-même. Yahvé aime l'homme bien au-delà de son péché. Jésus s'en fait l'interprète lorsqu'il déclare qu'il n'est pas venu pour les justes mais pour les pécheurs, et il s'affichera, au grand dam des « justes », avec des hommes et des femmes peu recommandables.

Nos contemporains, c'est-à-dire nos proches, nos voisins, les gens de notre famille, sont loin de toutes ces questions? Confession, péché : peut-être. Pour autant, la miséricorde n'aurait-elle rien à leur dire? Dans ce mot-là il y a de la misère et du cœur : autrui est misère et c'est la miséricorde qui lui répond. Et tout le monde partage et la misère et le cœur. N'importe lequel parmi nous pourrait évoquer tel ou telle qui, derrière la façade, se débat dans des difficultés personnelles, affectives, professionnelles, et porte un poids considérable. Et les jeunes d'aujourd'hui connaissent aussi une forme de « mal-être » différente de celles de leurs lointains aïeux du XIXe siècle, mais tout aussi pesante.

Cette réflexion de Colin et sa manière de faire nous renvoient à nos propres attitudes. Essayons de reprendre nos jugements sur « le monde », sur les autres, sur les jeunes. À leur propos, Colin écrivait :

> *Il faut leur tendre la main, se prêter à ce qu'il faut, n'être pas exigeant… Je coule largement, j'attends que leur foi grandisse* (ES 40,4).

Il *« coule largement »*, c'est-à-dire qu'il accepte leurs limites. C'est tellement plus facile d'exclure que d'essayer de comprendre! Entendons-nous parfois des gens nous dire que l'Église n'est pas accueillante, qu'elle est même intolérante? Avant de nous empresser d'abonder dans leur sens, demandons-nous donc ce qu'il en est de notre qualité d'accueil et de notre seuil de tolérance! Il faut « tendre la main ».

Il y a dans le déroulement de la réconciliation une petite phrase initiale qu'on oublie souvent de dire : « Bénissez-moi parce que j'ai péché. » Se rend-on compte d'une certaine incongruité ? Bénir, c'est dire du bien, vouloir du bien, souhaiter du bien à une personne. Et la demande, ici, est justifiée parce qu'on a péché. Il serait plus logique de dire : « Ne me bénissez pas parce que j'ai péché, je ne suis pas digne d'être béni. » Eh bien ! nous entendons l'inverse, ce qui nous oblige à méditer sur la démarche que nous sommes en train de faire. Le miracle, c'est que la miséricorde du Seigneur nous permet de faire la démarche, et que cette démarche nous vaudra sa grâce, preuve supplémentaire de son amour.

Nos contemporains sont le plus souvent bien loin de l'Église : leur rappeler ses normes, sa pratique, sa morale ne leur fera guère d'effet, sinon malheureusement de raviver quelques mauvais souvenirs. Une rencontre de visage à visage, sans question, marquée par la confiance, le sentiment qu'on est attendu, espéré, qu'une parole libre est possible, risque d'être mieux comprise. À chacun de nous de trouver les paroles, les gestes qui conviennent, pour que l'autre entende en lui quelqu'un murmurer : « Tu vaux mieux que ce que tu fais, et ce ne sont pas tes péchés qui m'intéressent, mais c'est toi, et le retour que tu fais vers moi, aujourd'hui. »

MARIE AU DÉBUT, MARIE À LA FIN

Messieurs, je suis bien aise de le répéter encore ici, ces paroles : « J'ai été le soutien de l'Église naissante, je le serai encore à la fin des temps » ont été, tout à fait dans les commencements de la Société, ce qui nous a servi de fondement et d'encouragement. Elles nous étaient sans cesse présentes. On a travaillé dans ce sens, si je puis parler ainsi. Il faut avouer que les temps où nous sommes sont bien mauvais : l'humanité est bien malade. Elle aura besoin d'un grand secours à la fin des temps. C'est la sainte Vierge qui le donnera. Messieurs, soyons heureux d'être de sa Société et de porter son nom ; les communautés qui naissent nous envient ce beau nom (ES 152,1).

Les temps sont mauvais

Colin en est convaincu : la Vierge, présente à la naissance de l'Église, sera également présente à la fin des temps. Cette présence de Marie, qui a favorisé les premiers pas de l'Église, nous la retrouvons maintenant, pense-t-il, et elle aura les mêmes effets. Et de plus, le siècle dans lequel il vit, lui, Colin, est bien proche de la fin des temps et bien mauvais. Il est catégorique sur ce point et n'a pas trop de mots pour décrire son siècle, le XIXe... indifférence, incrédulité, ignorance, matérialisme, paganisme. « *Pauvre raison! Elle perd le monde* », et la philosophie : « *Elle prépare la fin des temps* » (EK 100). Le « siècle des lumières » et la révolution sont passés par là!

Donc, plus que jamais, il faut compter sur la présence et l'appui de Marie pour faire face. Et c'est dans ce but, dans ce siècle que Marie, pense-t-il, a voulu créer cette famille religieuse qui porte son nom : non pas pour exercer tel ou tel ministère particulier ou promouvoir telle dévotion mariale, mais pour faire naître, renaître l'Église dans ce monde précis. Et c'est pour nous un premier étonnement : la vision très pessimiste qu'il a du monde, loin de le décourager, l'invite au contraire à penser une nouvelle Église, une nouvelle annonce de l'Évangile!

Les temps sont encore mauvais

On n'est pas obligé de prendre au mot les jugements de Colin sur « le siècle », mais convenons que son vocabulaire, même daté, correspond encore assez bien à notre époque. Et l'on pourrait considérer que ce qui était en germe au temps de Colin s'est largement développé depuis.

Ce n'est pas le lieu de faire une analyse détaillée des mutations de la société contemporaine. Mais bien des aspects du siècle nous troublent et nous déroutent. Et il nous arrive de rester perplexes et quelquefois blessés devant certaines réalités : la disparition progressive de tous les interdits, la remise en cause de toute forme d'autorité, l'exaltation de l'individu, de son droit au bonheur et à une liberté qui a le premier et le dernier mot sur tout, et en même temps l'énorme pression qu'il subit, l'obligeant à être le meilleur en tout, le brassage des cultures, des religions, des croyances, qui aboutit au mieux au relativisme, au pire à l'indifférentisme. Sans oublier la dérision, qui n'est pas forcément signe de bonne santé et ramène toute question au stade de la bouffonnerie. De tout cela et de bien d'autres aspects encore, chacun peut constater les effets parfois tout proches de lui, dans sa famille, à l'école, en couple, dans la rue.

Vraiment et sans nous forcer, il nous arrive de dire parfois : les temps sont bien mauvais, l'humanité est bien malade. Et, sans pour autant prévoir la fin du monde pour après-demain, nous ne savons pas très bien où nous allons.

Que faire ?

Inutile de rêver, la nostalgie est stérile. Le pire de tout serait de s'y complaire, de s'y enfermer, en ne cessant de porter un regard critique et méprisant sur la réalité. Ce monde est notre monde. Ne faisons pas semblant de ne pas le voir. Ne nous réfugions pas dans un passé idéalisé mais disparu. Le monde ne reviendra pas en arrière… et il n'a pas fini de nous étonner. On ne le rejoindra pas non plus avec des paroles, des attitudes, des « méthodes » efficaces jadis et aujourd'hui sans effet. Sur ce point, Colin nous indique quelques pistes.

Il nous dit : « Il y a un pilote dans l'avion », ou quelque chose d'équivalent avec ses termes à lui. Rappelez-vous celle qui a dit « oui » à l'annonciation, permettant ainsi de donner un fils à Dieu ; c'est la même qui a dit oui à la crucifixion, acceptant de devenir mère du disciple puis des disciples et de toute l'Église. Et ce n'est pas dans les moments difficiles que Marie va abandonner ses enfants. Comment pourrait-elle revenir sur la mission confiée par Jésus ?

Et enfin Colin, évoquant la place de Marie dans cette Église des débuts, attire notre attention sur son rôle : elle unit, elle relie, elle ne brise rien, ne prend pas un parti contre l'autre, et toujours sans élever la voix. Et pour lui, cette attitude-là est fondatrice de l'Église. En toutes ces circonstances, ce n'est pas par des discours, des actions étonnantes que Marie se manifeste, c'est par son silence et par son attitude intérieure, de confiance et de prière.

Un autre regard ?

Marie au début de l'Église. Marie au seuil de la reconstruction d'une Église au XIXe siècle. Marie avec nous dans notre Église aujourd'hui. À en croire Colin, sa présence peut être le gage d'une « nouvelle Église ». À condition toutefois de s'en remettre à elle.

Dans cette perspective, demandons-nous comment nous regardons notre époque, nos proches, nos voisins, nos propres enfants « qui ont abandonné toute pratique religieuse », « qui vivent en couple » apparemment sans autre perspective que celle du moment présent, « qui n'ont pas fait baptiser leurs enfants ». Ou encore, dans un autre genre mais souvent douloureux aussi, ce garçon, cette fille qui se sont convertis au bouddhisme, ou ce fils qui vit avec un autre garçon. Chacun peut prolonger la litanie, elle risque d'être longue et parfois culpabilisante : n'avons-nous pas tout fait pour transmettre le meilleur de notre foi, de nos convictions ? Certainement : mais la foi se transmet-elle par héritage ? Et parce que le monde change, ne faudrait-il plus lui présenter l'Évangile ?

Mais notre regard ne sera-t-il que soupçonneux, ira-t-il au-delà des impressions de façade ? Il faut que Marie nous apprenne ce qu'elle a appris à Jésus, à regarder le premier venu comme s'il était unique, le pécheur, l'adultère, à découvrir le véritable amour de la prostituée, la vraie soif de la Samaritaine, toutes ces rencontres de Jésus qu'il a aimées.

Marie continue de nous dire : Ne brisez rien, travaillez pour l'unité, ne revendiquez rien sinon l'Évangile. Que savez-vous de ce qui se passe dans le cœur des hommes ? Le grain germe dans le silence, la patience, le temps. Dieu n'a jamais demandé de faire germer le grain : seulement de le semer.

Aujourd'hui, comme au temps de Colin, il nous faut proposer une alternative à cette façon de « vivre au monde ». Non pas seulement résister, mais tenter de rejoindre les autres dans leurs soucis, leurs besoins réels. Sans se crisper sur ce qu'il faut défendre, sans non plus se mettre en avant et se situer en défenseurs d'une citadelle assiégée. Mais vivre d'une façon telle qu'elle témoigne d'un Dieu discret, souvent silencieux, et trouver la juste place auprès des autres, celle de l'écoute et de la solidarité, là où la parole risque de rejoindre le cœur.

L'UNIVERS ENTIER

Vous allez être étonnés ; j'ai une grande ambition, c'est de m'emparer de l'univers entier, sous les ailes de Marie, par le tiers ordre. Le tiers ordre ne fait pas partie essentielle de votre corps ; mais la sainte Vierge vous le confie comme un pont [...] pour aller aux âmes, aux pécheurs. Jamais les peuples n'ont montré tant d'empressement pour s'adresser à la sainte Vierge, et à la fin des temps, il n'y aura qu'un royaume, le royaume de la sainte Vierge ! (EK 85).

S'emparer de l'univers ?

Voilà une ambition qui peut faire sourire même les maristes. Pour des gens qui se veulent inconnus, cachés, quelle prétention ! S'emparer de tout l'univers, s'ouvrir au monde entier, rêver d'une humanité mariste et d'un pape mariste : de fait, au cours d'un entretien à Rome avec un cardinal auquel Colin expose son projet, l'éminence, un peu surprise, lui demande : « Mais enfin, tout le monde sera donc mariste ? – Oui, Éminence, répond Colin. Le pape aussi. » Rêverie ? Mégalomanie ? Imagination débridée ? Utopie fantaisiste ? Rien de tout cela n'autorise ce thème à prendre place dans ce livre.

Pour comprendre Colin, il faut se souvenir de son lien avec Marie d'Agréda, la visionnaire espagnole dont il a lu l'ouvrage *La Cité mystique,* et du lien que fait cette femme entre sa vision et l'Apocalypse, en particulier au chapitre 21. On y trouve cette bonne nouvelle : Dieu va demeurer chez les hommes, « ils seront son peuple, et lui, Dieu-avec-eux, sera leur Dieu. Il essuiera toute larme de leurs yeux : de mort, il n'y en aura plus ; de pleur, de cri et de peine, il n'y en aura plus, car l'ancien monde s'en est allé » (Ap 2,3-4). Et pour Marie d'Agréda, la Vierge Marie, qui a mis au monde le fils de Dieu, qui a été à la naissance de la première Église, enfantera aussi ce monde-là. Colin fait sienne cette conviction.

On peut trouver cela naïf. Ce serait oublier que ce point de vue, à l'époque de Colin, est courageux. À plusieurs reprises, on a déjà évoqué des positions de l'Église assez raides : des reliquats de jansénisme, la méfiance des hérétiques – les protestants en général, la mise à distance des pécheurs. D'un revers de main, Colin balaie tout cela et nous propose de nous arrêter un moment devant la Vierge au grand manteau – nouvelle image de l'arche de Noé – qui abrite tout le monde dans les plis de son vêtement, sauf, bien sûr, ceux qui ne veulent pas y aller.

À la lumière de cette vision, on comprend mieux certaines décisions de Colin : celle d'accepter des missions au bout du monde connu, dans le Pacifique sud, avec toutes les difficultés d'accès, de relations, de suivi que l'on peut imaginer. Une sorte d'envoi en mission à fonds perdus. Mais après tout, ces « sauvages » – on les nomme ainsi – sont aussi appelés au salut, et il faut le leur dire.

De même, Colin ne fait pas le choix de ministères particuliers pour sa famille. Certes, il faut aller de préférence vers les pauvres, mais on les trouve partout : enfants à éduquer, délaissés, prisonniers, prostituées, tous ont leur place dans la cité de Dieu : encore faut-il les y inviter.

En somme, Colin découvre que la chrétienté ne coïncide plus avec « le monde » et que l'Église est loin d'être « universelle ». Alors que, pour certains, le remède est de se replier sur des positions identitaires, lui tire une autre conclusion : rejoignons « le monde », c'est-à-dire tous ces gens qui sont à côté de nous ou au plus loin de nous, rendons-nous proches des plus lointains et apprenons-leur la bonne nouvelle, qu'ils ne connaissent pas ou qu'ils ne connaissent plus.

Une Église « catholique »

Dans ce projet, Colin accorde au tiers ordre une part importante, que nous préciserons plus tard. Pour l'instant, restons-en à la vision. Cette « rêverie » colinienne peut nous rejoindre au cœur si nous nous souvenons que nous sommes « catholiques » et que nous confessons appartenir à l'Église une, sainte, catholique, apostolique, à chaque fois que nous récitons le symbole de Nicée-Constantinople. À condition bien sûr de donner à ce mot son sens originel d'universel, de général. Du coup, la vision de l'Apocalypse apparaît comme un horizon vers lequel nous marchons et que nous souhaitons faire passer progressivement à la réalité.

Nous savons aussi que le mot catholique est parfois utilisé comme une provocation, une proclamation d'identité un peu agressive, repliée sur elle-même : ce qui n'a pas l'air très catholique en général n'est pas recommandable !

Être catholique, c'est élargir notre regard, affiner notre écoute au-delà de la communauté paroissiale dominicale. Certes, nous ne sommes plus dans la position de Colin. Lui-même ressentait comme une urgence de porter l'Évangile à des gens qui n'en avaient jamais entendu parler, ou à d'autres qui en avaient entendu parler mais qui ne supportaient plus la présentation qu'on leur en avait faite. Notre tâche, en ce XXIe siècle, n'est peut-être pas d'aller au bout du monde : le monde est venu vers nous. Il nous faut écouter ce que les autres nous disent de leurs attentes et de leurs espoirs, leurs raisons de vivre. Sans exclusive : souvent nous serons étonnés de leur façon de « croire ». Et peut-être leurs questions, leurs remarques, et pourquoi pas leurs contestations, nous confirmeront-elles dans notre propre foi et nous permettront de l'approfondir. Et nous pourrons aussi leur dire nos raisons de vivre et de croire.

À la fin de chaque messe, le prêtre dit : « Allez dans la paix du Christ. » Comment prenons nous la formule? Comme un aimable renvoi à la semaine suivante, rendez-vous à la même heure dimanche prochain? Ou comme un envoi : « Allez à la rencontre de vos frères »? On a chanté longtemps : « Allez-vous-en sur les places », tout en restant bien au chaud dans l'Église.

Colin nous invite à autre chose : il unit dans sa vision la première sortie des apôtres après la Pentecôte quand, sur la place, ils s'adressent à des gens du monde entier. Et puis, à l'arrière-plan, il y a Marie qui les stimule, les encourage dans cette initiative. La mère ne peut que souhaiter le rassemblement et l'union de tous ses enfants. Et déjà c'est une préfiguration de ce que pourrait être le rassemblement annoncé par l'Apocalypse. Chacun d'entre nous, en se remémorant ces images, peut se poser la question un peu impertinente : « Est-ce que je suis vraiment catholique ? Est-ce que le salut des autres m'importe ? M'arrive-t-il de m'émerveiller devant le parcours de tel ou tel et de m'enrichir de sa rencontre ? »

Colin nous invite à l'aventure de la rencontre. C'est peut-être un risque, c'est surtout une chance. Relisons quelques-unes des rencontres de Jésus dans l'Évangile, partageons son émerveillement devant la foi du centurion romain (Mt 8,10) ou de la Cananéenne (Mt 15,28), devant l'amour de la pécheresse (Mt 26,13), la générosité de la veuve (Mc 12,43). Et nous pouvons allonger la liste avec nos propres rencontres émerveillées de celles et ceux qui disent ne pas partager la foi chrétienne et qui pourtant sont si proches de l'Évangile !

UN ARBRE À QUATRE OU CINQ BRANCHES

La Société, telle qu'elle a été conçue dès le début et engagée dans l'action comme il a été dit plus haut, comprend plusieurs ordres de religieux : 1° l'ordre des prêtres, 2° l'ordre des frères laïcs, 3° l'ordre des sœurs religieuses, 4° et la confrérie des laïcs qui vivent dans le monde.

Ceux qui sont inscrits à la confrérie n'émettent pas de vœux et ils vivent dans le monde, mais ils observent certains exercices pieux et, ainsi rattachés à la Société, ils participent à tous les biens spirituels de toute la Société.

Les pécheurs eux-mêmes, pourvu qu'ils soient catholiques, peuvent être agrégés à la confrérie et avoir part aux prières et aux autres richesses spirituelles de la Société, à la seule condition que leur nom soit inscrit au registre de la confrérie tenu par les religieux prêtres de la Société de Marie (ML 9).

Famille nombreuse

Le projet mariste attire. À cette période où l'on commence à reprendre souffle, la génération des trente ans ne manque pas de projets. Et l'on a vu dans le rappel historique comment Marcellin Champagnat prend à cœur l'éducation des enfants et forme des frères instituteurs, comment Jeanne-Marie Chavoin et son amie Marie Jotillon, intéressées par ce projet mariste, rejoignent Colin et, peu à peu, souvent dans la difficulté et la souffrance, tracent leur propre chemin. Et comment, plus tard, l'odyssée incroyable de Françoise Perroton enrichira la famille d'une autre branche, celle des sœurs missionnaires de la Société de Marie.

Colin souhaitait une seule congrégation : projet impossible pour Rome. C'est ainsi que les groupes se distinguent peu à peu les uns des autres, tout en gardant l'esprit de famille et en continuant de puiser leur inspiration à la même source.

Tout le monde mariste ?

Et le laïcat ? L'audace de Colin apparaît dans la place qu'il donne aux laïcs dans cette Église du XIXe siècle. Certes, il y a bien quelques notables qui osaient prendre la parole. Ce sont des exceptions. D'une manière générale, une part importante du clergé ne voit pas d'un bon œil une initiative laïque. « Les laïcs, dira un évêque, n'ont pas mission pour s'occuper des affaires de l'Église. Ce qu'ils doivent faire, c'est prier. »

Dans ce contexte, Colin fait tache : la façon dont il présente son projet de laïcat détonne. Il lui donne une place tout à fait originale dans la « famille ». Il ne le voit pas comme un rouage de la Société de Marie, le laïcat ne « gravite » pas autour des religieux. Il n'est pas à leur service mais à celui de toute l'Église. Loin de vouloir accaparer, récupérer des laïcs, il entend les rendre disponibles pour la tâche d'évangélisation. C'est un pont pour aller aux âmes ! Il aura avec l'un de ses collaborateurs les plus proches, Pierre-Julien Eymard, futur fondateur des pères du Saint-Sacrement, un débat très révélateur. Ce dernier envisageait un tiers ordre qui ressemble à une vie religieuse simplifiée. On s'appellerait « frère » et « sœur », il y aurait un « supérieur ». Et dans cette perspective, il avait prévu des conditions d'entrée assez strictes concernant justement les dispositions religieuses des candidats, la qualité de leur vie intérieure. Colin le désavouera formellement : ce n'est pas le but du laïcat de ressembler, même de loin, à des religieux. Dans la même ligne, il n'hésitera pas à conseiller aux groupes de laïcs de ne pas se réunir dans les maisons maristes, et leur suggérera également de demander aux curés de paroisse de les accompagner. Pour lui, cela va de soi, ils sont chrétiens, et c'est dans leur paroisse qu'ils doivent exercer leur vie chrétienne. Quant au recrutement, il est pratiquement sans limites hormis… les hérétiques.

Un laïcat à part entière

Bien sûr, les temps ont changé, et on ne peut comparer la situation du laïcat dans l'Église de Colin et dans la nôtre. Et, depuis longtemps, les laïcs ont montré d'innombrables façons comment ils pouvaient se situer dans l'Église, dire leur point de vue, prendre des initiatives dans « le monde » comme dans l'Église. Comme, à l'inverse, des clercs et des religieux – on pense à la mère Teresa, à l'abbé Pierre – ont montré qu'ils pouvaient faire bouger le monde au nom de l'Évangile. Et c'est bien ainsi. Reste que l'entreprise de Colin attire notre attention sur quelques points.

La *confiance* qu'il accorde au laïcat et le rôle irremplaçable qu'il lui confie.

L'*autonomie* qu'il lui reconnaît par rapport à la congrégation religieuse, ce qui n'empêche pas une relation confiante entre laïcs et religieux.

La conscience d'un *laïcat peuple*, englobant tous ceux qui le souhaitent, sans aucune discrimination d'âge, de sexe, de condition, acceptant même les enfants. On peut y voir une certaine naïveté ou une sympathique rêverie. Mais on peut aussi discerner chez Colin une véritable compréhension de ce qu'est le peuple de Dieu : non pas un groupe d'amis ou de proches, mais l'œuvre même de Dieu, qui réconcilie les hommes les uns avec les autres, les rend frères les uns des autres, prochains les uns des autres à cause de ce que Jésus-Christ a fait pour chacun.

La *responsabilité* du laïcat dans l'évangélisation du monde, en partage avec les religieux : des laïcs indispensables aux religieux, des religieux indispensables aux laïcs.

La fraternité que Colin laisse entrevoir n'est pas d'abord psychologique ou sociale, mais spirituelle. Elle prend sa source dans le désir même de Dieu. C'est pourquoi elle permet un tel rassemblement, y compris des enfants, y compris des pécheurs, de ceux qui apparemment sont le plus loin de l'Évangile.

Des ponts ou des barrières ?

On raconte qu'un évêque, il y a quelque temps, a demandé aux prêtres de son diocèse de ne jamais accueillir leurs visiteurs par la question : « Pourquoi ? » Pourquoi voulez-vous ceci ou cela ? Pourquoi entreprenez-vous cette démarche ? Mais de leur dire d'abord : « Je suis content de vous voir et je vous remercie de venir. » Détail, enfantillage ? Ou prise au sérieux d'une manière toute simple de ce qui nous unit les uns aux autres, avant d'ériger des frontières, de rappeler des interdits ou des obligations ? Et signe de reconnaissance, avant même toute demande, de cette proximité que le Seigneur veut établir entre nous tous ?

Nous croyons en un Dieu incarné, Jésus, qui n'a cessé durant son séjour parmi nous « d'aller voir ailleurs », de passer des frontières, de séjourner dans des villes païennes, de rencontrer des personnes d'une autre race, d'une autre religion, d'une autre morale. Il les a écoutées, il leur a parlé, il les a guéries parfois. Il a parfois laissé échapper son désir de réunir tous les hommes pour les sauver tous. Et il nous invite à mettre la main à la pâte : « Ce que vous ferez au plus petit… c'est à moi que vous le ferez. »

Un dernier mot : dans ce beau projet du laïcat, Colin réservait aux religieux une part non négligeable : c'est à eux qu'incombait la responsabilité de former ces laïcs à la spiritualité mariste.

À chacun de nous d'examiner sa place dans l'Église telle que Vatican II l'a voulue, comment il y exerce sa responsabilité de baptisé, comment il se nourrit spirituellement, à quelle source il s'abreuve pour ne pas tomber d'inanition… ou de découragement dans ses divers engagements. Et comment aussi il vit sa relation en complémentarité avec les prêtres.

IL N'Y A QUE DES SAINTS QUI POURRONT FAIRE LE BIEN

Je suis si accablé que je n'ai pas le temps de chercher ce que je dois leur dire [aux confrères d'Océanie], mais je leur marque à tous qu'ils ne pourront faire du fruit qu'autant qu'ils marcheront comme les apôtres à la conquête des âmes. Les apôtres avaient tout quitté, ne comptaient sur rien d'humain, ils ne s'appuyaient que sur la grâce et la force de leur bon maître. Eh ! oui, et avec ce seul aide [Jésus], ils ont changé le monde. Rappelons-nous que nous qui restons en France, nous sommes de la même famille : nous devons donc avoir le même esprit. Et en France, nous avons tout autant de misères, tout autant de mal qu'en Océanie : il n'y a donc que des saints qui pourront y faire du bien; des saints, c'est-à-dire des missionnaires qui mèneront une vie sacrifiée, une vie de mort… Il faut donc être mort, non pas à la science mais à vous-mêmes (ES 160,4).

Tous saints?

« *Soyez des saints!* » Colin lance l'invitation à tous : ses confrères bien sûr, les missionnaires d'Océanie, les aspirants maristes, leurs formateurs, des laïcs du tiers ordre, des personnes privées qu'il accompagne, à n'importe quel âge, dans n'importe quelle situation… comme si cela allait de soi. Formule pieuse, comme on dirait « bon courage! » ou « portez-vous bien »? Non, pour lui, cette invitation est un programme de vie, une façon d'être, de se comporter.

On imagine que beaucoup de ceux qui l'écoutaient devaient trouver cela très beau, tout en étant persuadés qu'il parlait pour d'autres. Et nous aussi, devons-nous passer au chapitre suivant? Peut-être. Mais, avant de le faire, il est bon de se rappeler comment Paul s'adressait aux chrétiens des premières communautés : « Paul à tous les saints qui sont dans l'Achaïe entière » (2 Co 1,1)… « Vous donc les élus de Dieu, ses saints, ses bien-aimés » (Col. 3,12).

Il s'agit bien de chrétiens « ordinaires », dont on sait par ailleurs qu'ils n'étaient pas forcément des spirituels de niveau olympique ou des piliers de moralité. C'est bien à des chrétiens, religieux ou non, que s'adresse Colin. Et donc à nous aujourd'hui. Qu'allons-nous faire de cette dénomination ? Comment allons-nous tenter d'y répondre ?

Pour Colin, il s'agit surtout de bien placer sa confiance : le saint se remet entièrement entre les mains de Dieu, ne compte que sur lui, à la manière des premiers disciples envoyés en mission par Jésus et qui n'emportent rien pour le voyage, hormis un bâton. Cette voie ouvre une large perspective à tous et à n'importe qui, puisque sur la ligne de départ rien n'est demandé d'autre que cette confiance. D'autant plus que l'appui qu'on penserait trouver dans ses propres qualités, dans ses relations, dans les moyens mis en œuvre, ne ferait qu'entraver notre marche sur le chemin de la sainteté et apparaîtrait même comme une sorte de défiance vis-à-vis de Dieu : la pire des choses.

Pour Colin, l'invitation est plutôt une forte incitation. Un exemple nous le montre. Depuis des années, il accompagne un jeune homme, Claude Mayet, devenu mariste par la suite. Ce garçon souffre d'une grave maladie qui d'abord l'a rendu muet et qui se transformera par la suite en cancer. Dans un courrier qu'il lui adresse, il lui donne ce conseil :

Regardez-vous comme une bûche devant Dieu… Parlez à Dieu comme un enfant avec son père… Tenez-vous en grande paix comme un enfant.

Sans doute fallait-il une grande intimité pour pouvoir dire et recevoir un message aussi lourd. Mais en même temps, en quelques mots, tout est dit : ma propre incapacité non seulement à faire mais même parfois à comprendre ce que Dieu désire, la reconnaissance de ce que je suis, la découverte de Dieu comme un père et la paix qui en découle. Et c'est à ce même garçon qu'il dira :

Je désire que vous soyez un saint et un grand saint (Colin.sup I 33).

Il n'y a pas beaucoup de saints canonisés chez les maristes : deux seulement, Pierre Chanel, patron de l'Océanie, et Marcellin Champagnat, fondateur des frères maristes. Chanel avait sans doute entendu les recommandations de son supérieur. Mais son expérience à Futuna va lui faire comprendre ce qu'il n'avait qu'entendu. Ses préparatifs et ses prévisions ne lui serviront de rien. En trois ans, il ne parviendra jamais à parler la langue des indigènes. Il baptisera quelques enfants ou des vieillards en danger de mort. Et lorsqu'enfin il aperçoit une perspective d'évangélisation, il est assassiné parce qu'il devient encombrant. Peu de temps après sa mort, l'île se convertira, et les gens l'appelleront « l'homme au grand cœur ». Voilà l'œuvre de quelqu'un qui n'a rien dans les mains, qui ne peut compter sur personne ni même sur ses propres qualités, et qui n'obtient aucun résultat ou si peu. Et dont on ne retient de lui que cela : il a aimé les gens. Chanel donne raison à Colin, qui écrira à son propos, au lendemain de sa mort :

> *Il a passé quatre ans parmi des hordes sauvages, comme dans un exil et dans un ministère stérile, et marqué par très peu de conversions* (Colin.sup I 337).

Il ne peut rien, mais il laisse faire le Seigneur, il lui fait confiance. Et la conversion aura bien lieu.

Faire et se laisser faire

Cet exotisme ne doit pas nous éloigner du quotidien. Nous aussi, nous connaissons le sentiment d'impuissance devant la tâche à accomplir ou les difficultés à surmonter. Nous aussi avons fait l'expérience du découragement, de l'échec, peut-être de la nuit. Que faire ? Comment faire ? Comment s'en sortir ? À notre échelle, nous vivons la passion, qui peut se transformer en passivité féconde si elle s'accompagne du don de soi, de l'ouverture, du consentement à ce qui nous est donné. Notre temps assimile volontiers fécondité et efficacité, et lie l'efficacité à l'action. Ce n'est pas la démarche de Colin, ce n'est pas la démarche de l'Évangile. Il tient dans sa main deux rênes : celle de l'action, et Dieu sait qu'il « mouille sa chemise » pour envoyer des hommes en Océanie, trouver de l'argent, ouvrir des maisons, former de jeunes, prendre à cœur les affaires des sœurs maristes, des frères, négocier avec Rome ! Et l'autre main, celle de l'accueil de l'autre, de celui qui a prêché la fécondité du grain qui pourrit en terre, de celui qui attend qu'on lui fasse entièrement confiance « comme un enfant ». Et il ne revendique pas les succès de son action – quand il y en a – mais rend grâce à celui qui en est l'auteur.

Colin, avec son ambition de faire de nous des saints, nous met un peu au pied du mur. Nous cherchions des résultats ? Ce n'est pas l'essentiel.

Nous ne comprenions plus la « volonté de Dieu » ? Colin nous invite à l'accepter.

Nous avons pensé à tout pour aboutir au résultat souhaité ? D'accord. Mais continuons-nous de penser et de croire que tout est entre les mains du Seigneur, et que nos préparatifs les plus sophistiqués ne valent rien si notre prière n'est pas au moins aussi soignée ?

Nous nous désespérions d'un échec, d'une incompréhension ? Mais cet échec, cette incompréhension, nous pouvons au moins les offrir au Seigneur.

Et nous nous souvenons de Paul : « Dieu nous a choisis en lui avant la fondation du monde pour que nous soyons saints et irréprochables » (Ep 1,4).

UNE NOUVELLE ÉGLISE !

La Société doit recommencer une nouvelle Église. Je n'entends pas me servir de cette expression dans le sens littéral qu'elle offre, ce serait impie, mais en quelque sorte, oui, nous devons recommencer une nouvelle Église. La Société de Marie, comme l'Église, commence par des hommes simples, peu instruits, puis l'Église s'est développée, elle a tout embrassé ; nous aussi nous devons tout agglomérer par notre tiers ordre ; les hérétiques seuls ne pourront pas en être (ES 120,1).

Audace ou folie?

« Recommencer une nouvelle Église »! La formule fait choc. Colin a beau l'atténuer en soulignant qu'il n'est pas révolutionnaire. Il insiste quand même : *« Nous devons recommencer une nouvelle Église. »* Mais, en même temps qu'il maintient son point de vue, il recommande des attitudes très peu réformistes : fidélité absolue au pape, obéissance aux évêques : si la Société de Marie est présente dans leur diocèse, ils doivent pouvoir la considérer comme la leur; discrétion jusqu'à l'effacement dans les paroisses pour ne pas porter ombrage aux curés. On n'entrera pas en conflit à propos de doctrine ou de méthode pastorale, et on laissera la place à d'autres congrégations si elles veulent la prendre!

Alors, que souhaite-t-il exactement? Son propos s'organise entre deux repères : l'état de l'Église des débuts de sa vie religieuse, une Église délabrée, démantelée; et la vision de l'Église naissante, à la Pentecôte, autour du groupe fondateur de Marie et des apôtres. C'est dans le va-et-vient entre ces images que Colin pense et aperçoit une nouvelle Église. En voici quelques traits, essentiels pour Colin.

D'abord *se référer à la source :* la Pentecôte, c'est l'effusion de l'Esprit. De même que le Messie naît de l'effusion de l'Esprit sur Marie à l'Annonciation, la première communauté d'Église naît de l'Esprit à la Pentecôte. Il faut s'en souvenir non comme d'un événement historique, mais comme d'une condition de vie. L'Église n'est pas au bout de nos plans, de nos constructions. Elle vient au jour et elle tient par l'Esprit. Et pour la faire vivre, il faut se prêter au souffle de l'Esprit au fil des jours et le laisser en quelque sorte fertiliser nos initiatives.

L'Église – version Colin – rassemble. On peut voir dans cette attitude le contre-pied d'une Église d'ancien régime et même d'un système politique qui sélectionne, justifie les différences et les inégalités. Il n'y a pas de limites au rassemblement, pour Colin. Il ne suffit pas d'aller aux frontières, il faut aller au-delà, géographiquement, socialement, pastoralement, c'est-à-dire au-delà de celles et ceux qui sont identifiés comme chrétiens. On a même l'impression que plus on est loin, plus on est l'objet d'attention de la part de Colin.

Et pour atteindre ce second objectif, il faut *adapter notre langage et nos méthodes.* « Inconnu et caché », on l'a vu, ce n'est pas une consigne moralisante, ce n'est pas non plus une stratégie pour se faufiler dans le monde à la manière des taupes dans les réseaux d'espionnage ! On n'est pas caché au monde, mais dans le monde. Ce qui implique à la fois une compréhension de l'intérieur du monde sécularisé ou incroyant et une solidarité sans réserve, presque une osmose avec ceux que l'on va rencontrer. Et sur ce point, que les maristes se méfient d'eux-mêmes, car ils peuvent être consciemment ou non des obstacles à la rencontre, au rassemblement, à l'annonce, par leurs prises de position, par leur langage, par leur envie de se mettre sur le devant de la scène par une propagande tapageuse… ou leur bavardage intempestif : ce sont autant de barrières que l'on dresse entre les gens et la bonne nouvelle que l'on veut annoncer. Message qui vaut aussi pour ceux et celles qui, dans l'Église ou ailleurs, ont pour mission d'écouter, d'accompagner, d'accueillir.

Une telle démarche a pour conséquence une mise au second plan des *préoccupations institutionnelles*. Il s'agit moins, pour cette Église, de durer éternellement que de recommencer humblement chaque matin, persévérant dans la prière et dans le souffle de l'Esprit. En somme, l'Église, dans cette vision, se pense et se veut pour les autres et non d'abord pour elle, servante plus que maîtresse, sans privilèges, une Église qui écoute plus qu'elle n'enseigne ce qui est bien, ce qui est mal, ce qu'il faut croire, une Église qui abandonne toute position de défense et toute situation de privilège. Une Église seulement soucieuse d'annoncer Jésus. Une Église qui ne refuse pas la fragilité, qui y verrait même le signe d'une bonne santé spirituelle, d'une porte ouverte à l'Esprit, pour le laisser libre d'agir à sa guise.

En somme, cette Église nouvelle est une Église toujours recommencée et qui se construit toujours sur l'union des cœurs et sur le grand refus de Colin envers la cupidité sous toutes ses formes d'orgueil, d'avidité du pouvoir et de désir de paraître.

Recommencer une nouvelle Église

Recommencer une nouvelle Église, est-ce une proposition pour aujourd'hui ? L'Église de Colin était en position difficile. Il a reçu comme un message et une promesse cette « révélation » de Marie :

> *Elle a été le soutien de l'Église dans les premiers temps; elle le sera aussi à la fin* (EK 14).

Et, fort de cette assurance, il a donné vie à une famille religieuse. Dans une société très éprouvée et une Église sinistrée, Colin et les premiers maristes ont trouvé le moyen d'aller de l'avant, de garder et de redonner l'espérance aux chrétiens et d'annoncer l'Évangile. Et cela en gardant au cœur l'image de la première Église.

Aujourd'hui, cette même « révélation » peut-elle entraîner un nouvel élan ?

Partagerons-nous le goût de Marie pour la vie, irons-nous comme « en hâte » là où naît la vie, plutôt que de pleurer sur ce qui disparaît, sur ce qui meurt ?

Serons-nous convaincus que l'Esprit de l'origine a plus à nous dire que les statistiques en baisse et les indicateurs au rouge ? Et que nous gagnerions à passer plus de temps avec le premier qu'à nous attarder sur les seconds ?

Croirons-nous que l'Église, comme une mère, n'accepte jamais un constat d'échec définitif pour un seul de ses enfants, mais qu'elle est toujours prête à espérer : parce qu'elle est sa mère, parce qu'il est son fils ? Et que si elle a plusieurs enfants, elle entend bien les sauver *tous ?*

L'Évangile que nous annoncerons sera-t-il une bonne nouvelle, et les hommes croiront-ils que le Dieu qu'on leur annonce n'a pas horreur de leurs limites, qu'il les regarde avec bienveillance, comme une mère regarde ses enfants avec amour, tout en connaissant parfaitement leurs faiblesses et leurs défauts ?

Notre siècle, après tout, serait bien aussi le siècle de Marie, comme Colin le pensait pour son époque : c'est-à-dire une époque où l'on a bien besoin de faire contrepoids à la frénésie de l'entreprise, à l'ambition de la maîtrise de tout, sur tous. Une époque où la réussite remplace le salut ou en dispense! Et voilà Marie, plus préoccupée d'attention que d'action, de silence que de discours, de présence réelle que de communication médiatique.

Marie est au rendez-vous de l'Église de notre temps. Au milieu de nous, comme aux premiers temps, à l'écoute de l'Esprit. Tournons-nous vers elle : elle nous fera comprendre et aimer l'Église.

POUR ALLER PLUS LOIN

– Antoine FORISSIER, *Présences de Marie, fondateurs et fondatrices maristes,* Nouvelle Cité 1990.

– Donal KERR, *Jean-Claude Colin, mariste,* Karthala 2010.

– Jan SNIJDERS, *Le Siècle de Marie, une spiritualité pour aujourd'hui,* Centre d'études maristes, Rome 1988.

– *Des maristes parlent de Marie, recueil de textes,* CDM 1990.

– *Maristes en Église,* recueil de textes, numéro spécial de la revue *Échanges maristes,* CDM 2001.

– Craig LARKIN, *Un chemin, exploration de la spiritualité mariste,* à paraître en janvier 2011.

On peut se procurer ces ouvrages au Centre de Documentation mariste (CDM) :

104, rue de Vaugirard
75006 Paris
Tél. 01 45 49 67 94
centre-documentation-mariste@wanadoo.fr

TABLE DES MATIÈRES

Historique (1790-1875) 7

Invitation au voyage 15

Abréviations 17

1. Goûter Dieu 19
2. Porter un nom 26
3. Marie au berceau de l'Église 33
4. Nazareth....................................39
5. Un seul cœur, une seule âme 45
6. Une sainte gaîté 51
7. Comme Marie 58
8. Dire non 65
9. Inconnus et comme cachés dans
le monde 71

10. Le salut avant la loi 77
11. Marie au début, Marie à la fin 83
12. L'univers entier 90
13. Un arbre à quatre ou cinq branches ...96
14. Il n'y a que des saints qui pourront
faire le bien 103
15. Une nouvelle Église! 110

Pour aller plus loin 117

DANS LA MÊME COLLECTION

1. Philippe Ferlay, ***Le Christ-Prêtre***
2. Gabriel-Marie Garrone, ***Le Concile Vatican II*** (traduit en italien et en portugais au Portugal)
3. Claude Morel, ***François de Sales*** (5e édition, traduit en anglais aux États-Unis, en italien, en polonais, en tchèque, et en anglais en Inde) – fête le 24 janvier
4. Constant Tonnelier, ***Jean de la Croix*** (5e édition, traduit en anglais aux États-Unis, en coréen, en italien, en polonais, en portugais au Portugal et en tchèque) – fête le 14 décembre
5. Georges Rotheval, ***Marie Noël*** (2e édition)
6. André Pinet, ***Jean Tauler*** (traduit en anglais aux États-Unis, en croate et en tchèque)
7. Robert Schiélé, ***Don Bosco*** (2e édition, traduit en anglais aux États-Unis, en italien, en polonais et en tchèque) – fête le 31 janvier
8. Suzanne Vrai et André Pinet, ***Thomas d'Aquin*** (traduit en anglais aux États-Unis et en portugais au Portugal) – fête le 28 janvier
9. Pierre Blanc, ***Le Curé d'Ars*** (6e édition, traduit en anglais aux États-Unis, en italien, en polonais, en portugais au Brésil, en portugais au Portugal, en slovaque et en slovène) – fête le 4 août
10. André Gozier, ***Maître Eckhart*** (2e édition, traduit en anglais aux États-Unis, en croate, en polonais, en portugais au Brésil et en tchèque)
11. Jean Abiven, ***Thérèse d'Avila*** (4e édition, traduit en anglais aux États-Unis, en espagnol, en hongrois, en portugais au Portugal, en portugais au Brésil et en coréen) – fête le 15 octobre
12. André Dupleix, ***Pierre Teilhard de Chardin*** (5e édition, traduit en anglais aux États-Unis, en italien et en portugais au Portugal)
13. Thaddée Matura, ***François d'Assise*** (5e édition, traduit en anglais aux États-Unis, en italien, en espagnol, en polonais, en tchèque, en portugais au Portugal et en portugais au Brésil) – fête le 4 octobre
14. André Gozier, ***Saint Benoît*** (3e édition, traduit en anglais aux États-Unis et en italien) – fête le 11 juillet
15. Pierre-Yves Émery, ***Saint Bernard*** (3e édition, traduit en anglais aux États-Unis) – fête le 20 août
16. Michel Lafon, ***Charles de Foucauld*** (5e édition, traduit en

anglais aux États-Unis, en espagnol, en hongrois, en italien, en polonais, en portugais au Brésil, en portugais au Portugal, en tchèque et en vietnamien)

17. Jean-Marie SÉGALEN, ***Alphonse de Liguori*** (traduit en anglais aux États-Unis, en arabe, en portugais au Brésil et en lituanien) – fête le 1er août

18. Jaime GARCÍA, ***Saint Augustin*** (4e édition, traduit en anglais aux États-Unis, en espagnol, en lituanien, en polonais, en tchèque et en italien) – fête le 28 août

19. Constant TONNELIER, ***Thérèse de Lisieux*** (6e édition, traduit en anglais aux États-Unis, en espagnol, en lituanien, en polonais et en portugais au Brésil) – fête le 1er octobre

20. Chantal VAN DER PLANCKE et André KNOCKAERT, ***Catherine de Sienne*** (3e édition, traduit en anglais aux États-Unis, en arabe, en italien, en letton, en lituanien, en néerlandais, en norvégien, en polonais, en portugais au Portugal, en roumain et en tchèque) – fête le 29 avril

21. Véronique PINARDON et Jean BULTEAU, ***Louis-Marie Grignion de Montfort*** (2e édition, traduit en anglais aux États-Unis, en lituanien, en polonais et en tchèque) – fête le 28 avril

22. Gérard DUFOUR, ***Marguerite-Marie*** (traduit en portugais au Brésil) – fête le 16 octobre

23. André GOZIER, ***Thomas Merton*** (traduit en anglais aux États-Unis, en polonais et en tchèque)

24. Cardinal Paul POUPARD, ***Paul VI*** (traduit en italien)

25. Marc DONZÉ, ***Maurice Zundel*** (6e édition, traduit en roumain et en tchèque)

26. Joseph PYRONNET et Charles LEGLAND, ***Gandhi*** (traduit en italien et en tchèque)

27. François VAYNE, ***Bernadette*** (5e édition, traduit en anglais aux États-Unis, en espagnol, en italien et en slovène) – fête le 18 février

28. Matthieu ARNOLD, ***Luther*** (traduit en italien)

29. Bernard PITAUD, ***Madeleine Delbrêl*** (4e édition, traduit en italien)

30. Christian DELORME, ***Martin-Luther King*** (2e édition)

31. Michel LAFON et les PETITES SŒURS DE JÉSUS, ***Petite Sœur Magdeleine de Jésus*** (traduit en tchèque)

32. Benoît LOBET, ***Georges Bernanos*** (traduit en tchèque)

33. Henri-Marie MANTEAU-BONAMY, ***Marthe Robin*** (5e édition, traduit en italien et en portugais au Brésil)

34. Jacques GAUTHIER, ***Patrice de La Tour du Pin***

35. Benoît Rivière, ***Edmond et Marie Michelet*** (3e édition)
36. Marie-Thérèse de Maleissye, ***Marie de la Passion*** (fondatrice des Franciscaines Missionnaires de Marie) (traduit en anglais en Inde, en arabe, en espagnol et en vietnamien)
37. Didier Dastarac, ***Jeanne d'Arc*** – fête le 30 mai
38. Alain Quilici, ***Saint Dominique*** (2e édition, traduit en anglais aux États-Unis et en espagnol) – fête le 8 août
39. Jean Roche, ***Marcellin Champagnat*** (fondateur des Frères Maristes) (traduit en espagnol) – fête le 6 juin
40. Marie-Thérèse Boulinguier et Marie-Françoise Toulouse, ***Nicolas Barré*** – fête le 21 octobre
41. Gilles Beaudet, ***Jean-Baptiste de La Salle*** (traduit en italien) – fête le 7 avril
42. Francine de La Gorce, ***Le Père Joseph Wresinski*** (fondateur du Mouvement ATD Quart Monde)
43. François Bécheau, ***Ignace de Loyola*** (2e édition, traduit en espagnol) – fête le 31 juillet
44. Jean Rémy, ***Élisabeth de la Trinité*** (3e édition, traduit en espagnol et en polonais) – fête le 8 novembre
45. Jean-Pierre Renouard, ***Saint Vincent de Paul*** (2e édition, traduit en portugais au Brésil) – fête le 27 septembre
46. Michel Dupuis, ***Édith Stein*** (3e édition, traduit en espagnol et en italien) – fête le 9 août
47. Jean-François de Louvencourt, ***Le Père Kolbe*** (2e édition) – fête le 14 août
48. Jean-François Soubrier, ***Sainte Jeanne de France*** – fête le 4 février
49. Roger Bichelberger, ***Guillaume-Joseph Chaminade*** (fondateur de la Famille marianiste) (traduit en anglais aux États-Unis et en espagnol) – fête le 22 janvier
50. Cardinal Etchegaray, ***Jean XXIII*** (traduit en espagnol et en italien) – fête le 11 octobre
51. Jean-François Petit, ***Emmanuel Mounier***
52. Jean-Marie Lévrier-Mussat, ***Mgr Rodhain*** (fondateur du Secours Catholique)
53. Bernard Dullier, ***Eugène de Mazenod*** (fondateur des Oblats de Marie Immaculée, évêque de Marseille) (traduit en anglais aux États-Unis et en italien) – fête le 21 mai
54. Une moniale de la Chartreuse Notre-Dame, ***Saint Bruno*** (fondateur des Chartreux) – fête le 6 octobre

55. Marie-France BECKER, ***Claire d'Assise*** (2e édition, traduit en espagnol, en italien et en slovène) – fête le 11 août
56. Jean-François de LOUVENCOURT, ***François et Jacinthe de Fatima*** (2e édition, traduit en espagnol, en polonais et en portugais au Portugal) – fête le 20 février
57. Jean-Dominique DUBOIS o.f.m., ***Padre Pio*** (3e édition, traduit en arabe au Liban, en espagnol, en polonais, en portugais au Brésil et en portugais au Portugal) – fête le 23 septembre
58. Marie-Thérèse ABGRALL, ***Madeleine Daniélou*** (traduit en polonais)
59. Guillaume DERVILLE, ***Josémaria Escriva*** (traduit en anglais aux États-Unis, en espagnol, en italien, et en portugais au Portugal) – fête le 26 juin
60. Madeleine BOURCEREAU et Marie-Thérèse TOULOUSE, ***Le Père Jacques Sevin*** (fondateur du scoutisme catholique)
61. Jean ALLEMAND, ***Henri Caffarel*** (fondateur des Équipes Notre-Dame) (2e édition, traduit en portugais au Portugal)
62. André MAYOR, ***Jules Chevalier*** (fondateur des Missionnaires du Sacré-Cœur) (traduit en espagnol)
63. Gabrielle NOËL o.s.u., ***Marie Guyart de l'Incarnation*** (mère de l'Église canadienne) – fête le 30 avril
64. Philippe BAUD, ***Nicolas de Flue*** – fête le 25 septembre
65. Maxime EGGER, ***Silouane*** (2e édition, traduit en espagnol, en grec et en roumain) – fête le 24 septembre
66. François BÉCHEAU s.j., ***François Xavier*** (traduit en espagnol) – fête le 3 décembre
67. Pio MURAT et Valentin STRAPPAZZON, ***Antoine de Padoue*** – fête le 13 juin
68. Yvon DENIAUD, ***Jean-Marie de La Mennais***
69. Jean-Marie SÉGALEN, ***Joseph Passerat*** (rédemptoriste surnommé « le grand priant »)
70. Michel LAFON, ***Jeanne Jugan*** (traduit en anglais aux États-Unis et en portugais au Portugal) – fête le 30 août
71. Yves LEDURE, ***Léon Dehon*** (fondateur des Prêtres du Sacré-Cœur) (traduit en allemand, en anglais aux États-Unis, en italien et en portugais au Portugal)
72. Marie-Jo HAZARD, ***Dom Helder Camara*** (traduit en italien et en portugais au Brésil)
73. Arsène AUBERT, ***François Libermann*** (deuxième fondateur des spiritains) – (2e édition)

74. Pierre MICHALON, ***L'Abbé Paul Couturier*** (apôtre de l'unité des chrétiens)
75. Jean-Paul PÉRIER-MUZET, ***Emmanuel d'Alzon*** (fondateur des assomptionnistes) (traduit en anglais aux États-Unis et en espagnol)
76. Bernard LUCCHESI, ***Saint Jean de Dieu*** – fête le 8 mars
77. Philippe BRADEL, ***Jean-Émile Anizan*** (fondateur des Fils de la Charité)
78. Mgr Francesco FOLLO, ***Mère Teresa*** (2e édition, traduit en coréen, en espagnol, en italien, en portugais au Portugal et en slovène) – fête le 5 septembre
79. René COMBAL, ***Benoîte Rencurel***
80. Christiane GAUD-DESCOULEURS, ***Michel Quoist***
81. Alphonse GILBERT, ***Daniel Brottier*** – fête le 28 février
82. Jacques GADILLE et Gabrielle MARGUIN, ***Pauline-Marie Jaricot***
83. R. Ferdinand POSWICK, ***Columba Marmion*** (Abbé de Maredsous)
84. Didier RANCE, ***Les Martyrs chrétiens du XXe siècle*** (2e édition, traduit en italien)
85. Pierre DERUAZ, ***Charles Péguy***
86. François BÉCHEAU, ***Pedro Arrupe*** (supérieur général des jésuites)
87. Yves HABERT, ***Paul Claudel***
88. Jean-Marie SÉGALEN, ***Gérard Majella*** (le saint patron des futures mamans) (traduit en portugais au Brésil) – fête le 16 octobre
89. François MONFORT, ***Pierre de Bérulle*** (fondateur de l'Oratoire de Jésus)
90. Hélène CAUMEIL et Chantal DE LA FORGE, ***Thérèse Couderc*** (fondatrice de la Congrégation Notre-Dame du Cénacle) – fête le 26 septembre
91. Pierre FERRIÈRE et Isabelle MEEÛS-MICHIELS, ***Etty Hillesum*** (3e édition, traduit en italien)
92. Louis VERCHÈRE, c.s.sp., ***Le Père Jacques Laval*** (le saint de l'île Maurice)
93. Jeannine SIAT, ***L'Église de Rome*** (IIIe-VIIe siècles)
94. Keith BEAUMONT, ***Le Cardinal Newman***
95. Lucienne SALLÉ, ***Thérèse Cornille*** (fondatrice des foyers Claire Amitié)
96. Jean-Marie SÉGALEN, ***Marie Céleste Crostarosa*** (une mystique de l'eucharistie au XVIIIe siècle)
97. Roselyne DEGLAIRE et Joëlle GUICHARD, ***Le Père Marie-Eugène de l'Enfant Jésus*** (carme, fondateur de Notre-Dame de Vie) (2e édition, traduit en anglais aux États-Unis, en chinois, en japonais

et en espagnol)
98. Philippe Plet, ***Saint Paul de la croix*** (fondateur des passionistes) – fête le 19 octobre
99. Mgr Benoît Rivière, ***Le Père Joseph-Marie Perrin***
100. Mgr Francesco Follo, ***Jean-Paul II*** (2e édition, traduit en espagnol et en italien)
101. Patrice Chocholski, ***Sœur Faustine*** (2e édition, traduit en italien, en hongrois, en lituanien et en slovène) – fête le 5 octobre
102. Christian Salenson, ***Christian de Chergé*** (prieur des moines de Tibhirine) (3e édition, traduit en hongrois)
103. Bernard Cougoul, ***Jacques Loew***
104. Marthe Dachet et Geneviève pascale Defrenne, ***Jean-Martin Moyë*** (fondateur des Sœurs de la Providence, missionnaire en Chine) (2e édition) – fête le 4 mai
105. Élisabeth Charpy, ***Louise de Marillac*** (traduit en portugais au Brésil et en slovène) – fête le 15 mars
106. Matthieu Arnold, ***Dietrich Bonhoeffer*** (2e édition, traduit en anglais aux États-Unis et en italien)
107. Bernard Lucchesi, ***Marie de Jésus Deluil-Martiny*** (fondatrice de la Société des Filles du Cœur de Jésus) – fête le 27 février
108. Christian Delorme, ***Antoine Chevrier*** (fondateur du Prado) – fête le 2 octobre
109. Philippe Plet, ***Gemma Galgani*** (traduit en espagnol et en italien) – fête le 16 mai
110. Mgr Lucien Daloz, ***Sainte Jeanne-Antide Thouret*** (traduit en italien) – fête le 23 mai
111. Bernard Pitaud, ***Monsieur Olier*** (traduit en espagnol en Amérique Latine)
112. Henry Quinson, ***Christophe Lebreton*** (moine, poète, martyr à Tibhirine) (2e édition)
113. Renée Rogue, ***Jeanne Delanoue*** (la mère des pauvres) – fête le 17 août
114. Doris Lamontagne, ***François de Laval*** (évêque missionnaire de France, premier évêque de Québec)
115. Ghislaine Aubé et Jean-Louis Lejay, ***Le Père Épagneul*** (fondateur des frères missionnaires des campagnes)
116. Bernard Forthomme, ***L'Abbé Pierre***
117. Marie-Renée Noir, ***Le Docteur Nagaï*** (1908-1951)
118. Alain Delorme, ***Henri Vergès*** (religieux mariste, martyr en Algérie) (traduit en anglais, en espagnol et en portugais)

119. Corinne Gossauer-Peroz, ***William et Catherine Booth*** (fondateurs de l'Armée du Salut)
120. Michel Quesnel, ***Saint Paul*** (3e édition, traduit en espagnol en Argentine et en Espagne, en italien, en portugais au Brésil et en slovène) – fête le 29 juin
121. Sabine Laplane, ***Frère Roger de Taizé*** (2e édition, traduit en allemand, en italien, en portugais au Brésil et en slovène)
122. Manuel Rivero, ***Le Père Lagrange*** (fondateur de l'École biblique de Jérusalem)
123. Michel Evdokimov, ***Saint Séraphim de Sarov*** (traduit en roumain) – fête le 2 janvier
124. Jean Savoie cssp, ***Claude-François Poullart des Places*** (fondateur des spiritains) (traduit en portugais au Portugal)
125. Martin Steffens, ***Simone Weil***
126. Roch-Étienne Migliorino, ***Le Cardinal Suhard*** (précurseur du concile Vatican II, fondateur de la Mission de France)
127. Florence Gillet, ***Chiara Lubich*** (fondatrice des Focolari) (2e édition, traduit en espagnol, en italien et en portugais au Brésil)
128. Gill Daudé, ***Calvin***
129. Jean-Philippe Auger, ***Marcel Van***
130. Véronique Minet, ***Saint Irénée de Lyon*** – fête le 28 juin
131. Daniel Coffigny, ***Marie Rivier*** (fondatrice de la Présentation de Marie) – fête le 3 février
132. Arnaud Join-Lambert, ***Karl Leisner*** – fête le 12 août
133. Jean Daniel, ***Jacques et Raïssa Maritain***
134. Jacques Mulliez, ***Thomas More*** – fête le 22 juin
135. Hugues-François Rovarino, ***Le père Joseph Eyquem*** (fondateur des Équipes du Rosaire)
136. Marie Chantal Geoffroy et Claire Élisabeth Coque, ***Sainte Jeanne de Chantal*** – fête le 12 août
137. Paul-Dominique Masiclat, ***Robert Schuman***
138. Christian Rodembourg, ***Père Eusèbe-Henri Ménard*** (fondateur de la Société des Missionnaires des Saints-Apôtres)
139. Michel Evdokimov, ***Alexandre Men***
140. Marc Fromager, ***Le Père Werenfried*** (fondateur de l'Aide à l'Église en Détresse)
141. Élisabeth Charpy, ***Catherine Labouré*** (la voyante de la Médaille miraculeuse de la rue du Bac)
142. François Drouilly, ***Jean-Claude Colin*** (fondateur des pères maristes)

Pour être tenu informé des publications des éditions Nouvelle Cité et recevoir notre catalogue, veuillez adresser vos coordonnées à :

Éditions Nouvelle Cité
Domaine d'Arny
91680 Bruyères-le-Châtel
France

ou à :

editions@nouvellecite.fr

NOM :...
Prénom :..
Adresse :...
....
Code postal :...
Ville : ....
Pays : ....
email :...

Je souhaite être informé(e) des publications de la maison d'édition Nouvelle Cité.

www.nouvellecite.fr

Achevé d'imprimer en septembre 2010
sur les presses de la Nouvelle Imprimerie Laballery – 58500 Clamecy
Dépôt légal : septembre 2010 N° d'impression : 009341
Imprimé en France

La Nouvelle Imprimerie Laballery est titulaire de la marque Imprim'Vert®